深

Subsid

行政资助法治化研究

作为非高权并具有许可性质的行政行为，行政资助已广泛运用于我国。本书以行政法学原理为基础，遵循行政法基本原则，以评估为协助性手段，在公法学范畴内对行政资助实现法治化的路径加以设计：即公信力和合法性是行政资助法治化的起点，使之具有正义之品格并能够充分发挥提高社会公共福利效能的方法，是行政机关对比例原则、正当程序原则的遵循并采用评估这一事实行为作为影响手段。法治化的行政资助可丰富和协调国家与市场和社会之间的关系，促进国家生产力发展，并可间接贡献于公共福祉。

尤　乐／著

知识产权出版社
全国百佳图书出版单位

图书在版编目（CIP）数据

行政资助法治化研究/尤乐著. —北京：知识产权出版社，2015. 1
ISBN 978 - 7 - 5130 - 2653 - 6

Ⅰ. ①行… Ⅱ. ①尤… Ⅲ. ①行政法—研究—中国 Ⅳ. ①D922. 104

中国版本图书馆 CIP 数据核字（2014）第 053417 号

责任编辑：李学军　　**责任校对：**董志英
装帧设计：张　冀　　**责任出版：**刘译文

行政资助法治化研究

尤　乐　著

出版发行：知识产权出版社有限责任公司　**网　　址：**http：//www. ipph. cn
社　　址：北京市海淀区马甸南村 1 号　**邮　　编：**100088
责编电话：010 - 82000860 转 8559　**责编邮箱：**752606025@ qq. com
发行电话：010 - 82000860 转 8101/8102　**发行传真：**010 - 82000893/82005070/82000270
印　　刷：保定市中画美凯印刷有限公司　**经　　销：**网上书店、新华书店及专业书店
开　　本：787mm × 1092mm　1/16　**印　　张：**12. 25
版　　次：2015 年 1 月第 1 版　**印　　次：**2015 年 1 月第 1 次印刷
字　　数：190 千字　**定　　价：**38. 00 元
ISBN 978-7-5130-2653-6

序　言

经历漫长的研究和写作过程，尤乐博士的博士后研究报告即将出版，这是他投身宪法与行政法专业学习多年的成果。书稿成就之时，他多次表达请我作序的想法，希望我能见证他的学术成长并鼓励他今后不懈努力并取得持续性的专业进步。亲历并指导他的硕士阶段学习和博士后期间研究，从事教学和科研多年的我乐于见到学生进行具有挑战性和创新性的研究，当行政资助在中国行政法领域中的理论建构还未成体系和成熟之际，这部著作从选题的意义、体系、内容和文字等方面都有别具一格、不同凡响之处。

就选题意义而言，2004 年国务院颁布《全面推进依法行政实施纲要》，确立了建设法治政府的目标。在现实社会和经济秩序中，行政资助广泛存在，行政机关的政策制定和具体实施具有相当大的自由裁量空间。作为学者并出于法律人的思维，以行政法的学科视角，对其进行具有针对性的理论分析和论证，为今后进行相关立法、政策制定和合理控制资助决定中裁量权的行使，建立基础性的、符合行政法治的认知标准和理论体系，这是克服弊端、解决问题的关键所在，也是符合当代行政法治发展规律的理性的方向选择。

就体系而言，本书从行政资助透视整个行政法领域，从行政资助的本体性研究出发，有选择性地沿着行政法基本原则的进路，结合实体法和程序法以及评估的手段，对行政资助的基本概念、在行政法领域中的地位、合法性和合理性的审查标准等作了系统的整理和分析。虽然对行政资助的分类和信赖利益保护原则的作用还认识不足，但翔实的研究仍然挖掘出它在给付类行政行为中的独特性并据此设计法治化的实现路径，如补充性原则应超越“禁止过剩给付”的作用。

就内容而言，一方面，政府信息公开落实状况的不成熟因素没有影响作者对有限的案例进行较为深入的分析并尽可能以现实事例佐证其观点，使研究显得更为深刻；另一方面通过对行政资助的定性提出“许可说”，为客观事实或问题的肯定或否定提供相应的实在法依据。尽管作者对“许可说”的论证仍然存在不充分之处，但是结合法律的适用和发现的应用方法无疑对研究行政资助的法治化大有裨益。

就文字而言，作者尽可能采用通说性观点，追求对规范进行解释的平稳，同时在论述细节中仍可见到明快文字的流动，显露出作者对法治精神的眷恋和洞察现实的敏锐目光。虽然作者引用大量的域外权威文献，且文献除行政法学外涉及宪法学和法理学以及政治学等，但是作者应该在文字阐述之外配置若干权威的经济数据，如此则物质性之真能够提高本书的描述性之真和基于此而进行的论证的说服力。

梁朝萧统曾在《文选》序中写道“箴兴于补阙，戒出于弼匡。论则析理精微，铭则序事清润”。尤乐博士在他的第一部专著中体现出对这一古风的理解和追求，冀望并相信其研究成果能够承受学界严格的审视和批判并跨越专业界限为行政资助领域研究带来重大、深刻和长远的影响；更重要的是，希望勤奋、乐观和端正的作者今后的研究方向和成果能够有助于我国行政法治模式向有限、有效、亲民、透明和服务型政府转型，克服有时任性、随意和散漫的缺点，能够毕其一生进行有“意思、意义和意境”的教学和科研，做有大智慧和大气象的学者，如此则不枉老师们的培养和期望！

王振民

2014 年 3 月 28 日于清华明理楼

目 录

1 引 言

1.1 研究意义

中国行政法学界对行政给付的研究一般是从狭义上展开，即只限于物质帮助之社会保障行政，没有把行政资助归于当代行政法理论中的具体的研究对象，只在论述广义的行政给付时少量提及行政资助，鲜有专门论述。但是，一者，当代中国，改革开放三十多年中，自中央到地方，各种类型和形式的行政资助广泛存在，如中央在科技方面的“983”计划、星火计划、2008年的“四万亿”计划（部分）以及香港政府的科研“现金回赠计划”[1]等，它是国家和地方调控经济结构和产业发展方向以及市场运行的重要的非高权的行政行为。二者，虽然均属公权力的积极给付行为，但行政资助、供给行政和社会保障行政各自与宪法的关系不同，供给行政主旨在满足公民的社会权，社会保障行政中所授予的利益应被视为公民财产的一部分，行政资助的目的不在于“生存”，而在于促进“发展”，公民在国家的资助性法律或政策中只在申请权、正当程序等方面享有有限的权利和一定的反射利益。三者，自国家存在以来，行政资助之存在历史与供给行政和社会保障行政同样源远流长，即使在近代自由资本主义时期，行政资助也未被排斥。因此，行政资助应该

[1] “港府‘加码’资助科研企业月批553万元资助金”，载人民网http：//hm. people. com. cn/BIG5/42273/17422268. html。

是被单独看待的一种特殊的行政法学应深入研究的公法行为，同时它又是与计划经济相悖并与市场经济兼容的一种社会现象。按照哈贝马斯的观点，“合法性是指同一种制度联系在一起的、被承认是正确和合理的要求对自身要有很好的论证，换言之，合法性就是承认一个政治制度的尊严性。……合法性是用来证明，怎样或为什么现有的制度是适宜于行使政权，从而使对社会的同一性起决定性作用的价值得以实现”。[1] 面对制定资助政策和实施资助中行政机关拥有的巨大行政裁量空间，如何使资助政策经由法律方能付诸实施，如何使资助行为具有正义之价值并趋于合理并走向法治化，符合“合法行政、合理行政、程序正当和诚实守信之要求”，需要贯穿现实和理论并通过行政法之基本原则加以仔细研究。

1.1.1 现实意义

行政资助中，行政机关的政策制定和具体实施具有相当大的裁量空间。在统一的《行政程序法》和专门性的规制行政资助的法律缺位（亦无必要专门制定）的情况下，研究素材的攫取不得不转向三十余年改革中源于本土经验的中央与地方行政实践成果，希望从国家和地方经济与社会发展过程中出现的行政资助政策和实际工作中，寻找能够促进中央和地方层面的行政资助立法建设的创新点和突破点，但是现有的有关行政资助的地方法制建设还没有达到促进“地方包围中央”[2] 的立法模式的作用。

目前各地对于行政资助的规制体现在以下三个方面：一是以《中小企业促进法》和地方性法规对行政机关（市区政府）进行一般性的资助授权，如《广东省自主创新促进条例》和《深圳经济特区科技创新促进条例》等；二是各地的权力机关批准的地方预算报

---

❶ ［德］尤尔根·哈贝马斯：《重建历史唯物主义》，郭官义译，社会科学文献出版社2000年版，第262～268页。

❷ 莫于川：“中国行政规制改革的若干地方经验及其背景分析”，载《人大法律评论》2011年第1期，第10～33页。

告中，资助金额的列示大都泛泛、一言概之，只能体现“盘子”的大小，具体体现事业资助方向的科目，如深圳市产业类专项资金安排中的“企业改制上市培育项目”、科技研发资金中的“创新型企业成长路线图计划项目和资助资金”，以及“国内市场开拓支出资金”与扶持外贸发展资金中的“会展业资助资金”等均由行政机关的具体办法加以规定，其支出的预决算数据由政府之财政部门和审计部门负责统计，地方权力机关往往只能对最终的宏观数字加以形式化的批准或询问，不能对资助规划的形成过程产生实质性的影响；三是具体的资助过程中缺乏正当行政程序方面的规定，当事人的参与程度不足，如《深圳市科技研发资金管理办法》（2004）中没有有关保持公正、信息公开和当事人表达权的程序性规定，造成“专项资金使用情况的公示制度不完善，导致这些资金资助项目普遍只在单位网站上公示，公示面不大，不利于公众监督”。[1] 由此可见，行政机关的资助政策制定权和资助决定权较少受到制约和监督，规范这一行政行为的往往只是地方政府规章，且发挥较大作用的往往是一些技术性的其他行政规范文件，如《江苏省地方特色产业中小企业发展资金管理暂行办法》（2010.9），效力等级低、稳定性差、行政裁量受控程度有限，法制尚不健全，在个案中就很难实现或者缺乏公平、正义等法治的要素，故而公共资金的使用效益较低，起不到对事业项目的促进作用，如“丁伟岳谈政府资助科研‘嫌贫爱富’：这样没有风险”[2]，且“在申请政府补贴的过程中，表面上看很规范，企业要交申请材料，专家还要评估打分。但看似公平的申请程序很多时候都成了走形式，补贴往往演化成政府和企业的集体寻租”。[3]

---

[1] “深圳市人大审议 2010 年预算执行和财政收支审计状况”，载人民网 http://www.022net.com/2011/8-31/462128412958265-2.html。

[2] 中国青年报“丁伟岳谈政府资助科研‘嫌贫爱富’：这样没有风险”，载凤凰网 http://news.ifeng.com/gundong/detail_2011_03/08/5024588_0.shtml。

[3] “有多少公司靠政府‘哺养’”，载南方网 http://finance.southcn.com/f/2011-12/02/content_34253002.htm。

面对当前行政资助中的窘境，与其空谈如何加强体制内的监督，不如遵循康德的思想——熟知并不等于真知，在对行政资助进行深入研究时，一方面希望以本研究成果为中央和地方在相对微观的经济行政领域实现法治化提供借鉴，发挥地方的积极的示范和推动作用，在地方局部试点中逐渐积累经验，完善行政资助的理论和实践后在全国范围内推行，推进资助规制立法。虽然这一路径选择可以被归诸行政法律制度的理性创新，但是同样面临地方政府信息公开度不高并在管理方法和思路上大同小异的问题，研究只能根据有限的政府公开数据和权威媒体公布的案例和数据加以分析。另一方面，介入实践是需要的，但不是必需的，应该出于法律人的思维，以行政法的学科视角，对行政资助进行具有针对性的理论分析和论证，为今后的立法、政策制定和决定中的裁量控制建立基础性的符合行政法治的认知标准及其理论体系。

1.1.2 理论意义

在研究过程中，笔者发现中国教材中大都对行政资助语焉不详，泛泛地在给付行政中加以研读，只有余凌云教授和姜明安教授编著的教材《行政法》[1] 对行政资助作了专节的论述，但是在该书对行政资助的分类中认为，以人为第一性考虑因素的国家在行政供给和行政保障（社会保障行政）中的资金投入与以事业为第一性要素、以人为第二性要素的行政发展资助具有同样的性质，实际上仍未摆脱将行政资助笼统地纳入行政给付中的着眼点的错误性，如行政资助并不具有类似行政供给和保障的国家义务背景，将行政资助中的补充性原则和辅助性原则对等于统领行政法学的比例原则，但行政资助对于比例原则的贯彻却不仅局限于辅助性和补充性原则，资助的合理性必须建筑于法益相称性原则，必须顾及利害关系人（间接相对人）的利益照顾。这种“颇具大局”式的研究方式与法学界普

[1] 姜明安、余凌云编著：《行政法》，科学出版社 2010 年版，第 417 页。

遍性的习惯有关，即研究总体上偏重于宏大和抽象，习惯于高瞻远瞩、宏大叙事，习惯于讨论抽象的价值而忽略具体领域的理论的细致和充实，正如贺卫方教授在《具体法治》一书中曾尖锐地指出，重宏大价值而轻具体制度可能是我们悠久传统的一部分，因此，行政法学面对现实问题时因为缺乏解释和解决的能力而陷入失语和无力的状态也就不奇怪了。但是，“一个法律体系不能把无力实行看成是一件无关紧要的事情”。❶ 恰恰相反，海尔集团总裁张瑞敏说过：“把每一件简单的事做好就是不简单，把每一件平凡的事做好就是不平凡。”笔者认为，行政法学体系的建设和宪政制度的完善也莫不如此。因此，本书将在“许可说”——行政资助行为模式的本质在于特许的基础之上，尽可能地考虑如何在民主法治建设中把宏大的价值和不弃微末的具体制度与正当行政程序的建设有机结合。

一方面，在现有的法制体系内解决行政资助的法律适用问题。目前，中国虽然制定了《中小企业促进法》、《科技进步法》等涉及行政资助规制的法律，但一者，上述立法对行政资助之规定只表明了行政机关制定资助政策的自为性的裁量授权；二者，行政程序方面的专门立法法尚未出台，故而必须为行政资助寻找合适的实在法依据，使之具有实体和程序方面的明确和具体的法律规定。由于行政资助从某种程度上可以被认为是对公共资源的特许使用，资助决定实际上是为特定主体对公共资源——财政——赋予了特定的使用权利，因此应将《行政许可法》适用于行政资助。

另一方面，笔者对行政资助开展研究的理论意义就是“从程序入手、着眼于具体细节、立足于微观环节，采取先易后难的思路，具体地、稳妥地、渐进地推向前进”。❷ 在行政资助这一具体制度的理论建设上下工夫。通过宪法学和行政法学的视角和方法，在行政

❶ ［美］约翰·罗尔斯：《正义论》，何怀宏等译，中国社会科学出版社 1988 年版，第 227 页。

❷ 邹平学：《中国代表制度改革的实证研究》，重庆出版社 2005 年版，第 21 页。

资助这一特定领域实现行政法理论与宪政实践的良性互动，使事实与价值之间保持平衡，既要适应社会的变化，又要保持现有制度的稳定性，在宪政化与现代性之间建立内在的逻辑关联，在微观之处体现行政法学的独立的学术品格，其中对于行政资助的政策和决定的评估恰是以行政事实行为的运用起到促进行政资助的合理性的作用。

总之，本书立足于行政资助本身，厘定其概念，分析其主体、关系、目的、作用，站在当事人（而非行政机关）的角度构建一个能够适用于未来立法、政策制定和具体决定的，被合法性原则、比例原则和正当程序原则统制的，具有开放性——包含评估制度的法治化的理论体系。

1.2 研究现状

根据笔者已掌握的资料，对于行政资助的域外研究散见于各种行政法学的专著中，如德国学者哈姆雷特·毛雷尔所著《行政法学总论》（高家伟译，法律出版社 2000 年版）；德国学者汉斯·J. 沃尔夫等所著《行政法》（第 1 卷，高家伟译，商务印书馆 2002 年版）；德国学者 G. 平特纳所著《德国普通行政法》（朱林译，中国政法大学出版社 1999 年版）；德国学者阿斯曼等著《德国行政法读本》（于安等译，高等教育出版社 2006 年版）；日本学者南博方所著《日本行政法》（杨建顺、周作彩译，中国人民大学出版社 1988 年版）和《行政法》（第 6 版，杨建顺译，中国人民大学出版社 2009 年版）；日本学者室井力主编《日本现代行政法》（吴微译，中国政法大学出版社 1995 年版）；日本学者盐也宏《行政法》（杨建顺译，法律出版社 1999 年版）；我国台湾地区学者黄异所著《行政法总论》（增订 5 版，三民书局 2006 年版）；我国台湾地区学者吴庚所著《行政法之理论与实用》（增订 8 版，中国人民大学出版社 2005 年版）；

我国台湾地区学者彭明金编著之《行政法》（风云论坛有限公司2004年版）；我国台湾地区学者李震山所著《行政法导论》（修订7版，三民书局2007年版）；韩国学者金东熙所著《行政法》（第9版，赵峰译，中国人民大学出版社2008年版）。在上述著作中，对于行政资助的论述均着墨不多，但都对行政资助区分于其他行政给付模式的概念、分类和权利基础作了专门论述。

目前，中国内地学界对行政资助的研究主要有两种进路，一是在广义的行政给付（包括供给行政、社会保障行政和行政资助）的框架内对行政资助加以研究，主要以专著形式发表，包括中国人民大学法学院杨建顺教授主编的《比较行政法——给付行政的法原理及实证性研究》（中国人民大学出版社2008年版）、山东大学法学院柳砚涛教授所著《行政给付研究》（山东人民出版社2006年版）和华南师范大学法学院俞少如副教授所著《行政给付制度研究》（人民出版社2011年版）；二是对行政资助进行专门的研究，主要以论文为形式，包括中国人民大学法学院王贵松副教授撰写的《行政资助裁量的正当化规制》（载《学习与探索》2008年第11期）、天津工业大学法学院田文利副教授撰写的《程序规范视野下的行政资助研究》（载《行政管理体制改革的法律问题——中国法学会行政法学研究会2006年年会论文集》）、北京交通大学讲师赵银翠撰写的《论对资助行政行为的控制》（2006年5月）、深圳大学法学院讲师尤乐撰写的《论行政资助的概念、主体和目的》（载《天津行政学院学报》2010年第9期）、《行政资助与转移支付之辨析》（载《福建行政学院学报》2010年第12期）、《论基本权利视角下的资助行政》（载《广东行政学院学报》2010年第8期）和《论行政资助的合法性原则》（载《广西社会科学》2012年第1期）。在上述论著中，除尤乐（笔者）以外，有关行政资助的研究所占篇幅不大，未突出行政资助的特点分析和制度构建，如行政资助相对人的反射利益等；而笔者在本书中，开始有意区分行政资助与社会保障行政，并开始有针对性地建构基础理论，如行政资助的概念、主体、功能、作用等，开始涉及资助过程中的特有的裁量控制、程序设计等方面的具体研究并逐渐深入。

1.3 研究方法

为使对行政资助的研究尽可能趋于详尽、周延并能深入和结合实际，本研究拟采用历史陈述法、比较研究法、解释法和实证法四种方法。

1.3.1 历史陈述法

就行政资助而言，历史陈述法可以说是最基本、最基础的研究方法。首先，“每种学科的方法论都是这个学科本身进行的情况、思考方式、所利用的认识手段之反省。每个学科都会发展出一些思考方法，以及用以确定其素材及确证其陈述的程序。对程序的反省不能独立于程序的应用之外，反省或者与应用并肩偕行，或者随应用之后而来，总之，反省必须与学科本身紧密相关”。❶ 因此，在展开研究的开始，不应该先急于回答“为什么”，如“落后”、“不发达”、“停滞”的原因，“这反映了近代中国学界在传统失落后急于寻求救国出路和摆脱‘法学幼稚’困境的迫切心情”。❷ 其实，东西方皆有行政资助之历史传承，其制度设计亦非西方独有，只是各自表述和实现的路径不同而已，如王安石改革之青苗法和清末户部尚书鹿钟霖拟向山西票号注资以成立现代银行——大清银行（遭拒绝）等。构建今日中国之行政资助制度，不能摆脱中国传统法产生的社会背景、文化氛围，也不能不了解西方传统思想中的历史变迁，不

❶ ［德］卡尔·拉伦兹：《法学方法论》，陈爱娥译，商务印书馆2003年版，第119页。

❷ 马小红：《礼与法：法的历史连接》，北京大学出版社2004年版，第23页。

能缺少对二者进行的梳理、分析和比较，否则法的移植和改造无异于在既不知“怎么样”，也不知道“为什么”中进行。其次，正如林纪东先生在行政法学研究方法论（序）中指出的，“历史的研究是社会科学的基础，没有历史的观点，不作历史的研究，不足以谈社会科学的研究”❶，对于行政资助制度的研究也是如此。法学是一个古老的学科，有着悠久的历史文化传承的积淀。通过各种行政资助制度的介绍，可以对该制度的演化路径作一个清晰的描绘，跨越时空的阻隔探寻人类提高民生手段的溯源、进步、确立的步伐，消除某些惯常的历史误解，正如梁启超先生所说的，“必定先有事实，才能说到意义；有意义才能说到价值；有意义及价值才可说到活动”❷。

1.3.2 比较研究法

行政资助制度是世界各国共有的一种法律制度，但又和法律一样格外强调差异性。一方面，行政资助制度内外部具有差异性，如行政资助制度和转移支付制度是易于混淆的类似制度，资助评估制度和前期调研、执法检查亦不相同，等等；另一方面，参照国外的理论与实践时也会与本土的内在情势产生差异性。“比较法就像国际地震仪一样，是一套预警系统，它是一个了解正在发生的社会变革的卓越工具。尽管全世界的人民有各自的文化差别，但他们都在同一条船上，随着交通通讯的技术改革，这条船正变得越来越小。”❸以比较研究法构建行政资助制度是不可避免的，也有助于该方面法律体系的形成。一方面，许多宪政发展方面的后发国家，如东欧国家、南非、印度等都大量承继了先进国家的法学理论与实践，如东欧国家深受德国法的影响，南非与印度移植了英美法的传统制度内

❶ 刁荣华主编：《现代行政法基本论》，汉林出版社 1985 年版，第 16 页。
❷ 梁启超：《专集之九十九 · 饮冰室合集》（第 12 册），中华书局 1989 年版，第 5 页。
❸ 沈宗灵：《比较法研究》，北京大学出版有限公司 1998 年版，第 33 页。

容；另一方面，即使是德国、美国这样的法学体系比较成熟的国家也在互相借鉴彼此的理论发展，更为重要的是，对行政资助的比较研究对于尚在形成中，还不成体系的中国行政资助制度的建立有着十分积极的作用。它使我们的视野不再局限于本国法，而且能够通过与其他国家的行政资助制度的比较，找到普遍性的和一般性的原理，尤其是吸收先进国家的实践和研究成果就会更有针对性和现实性。虽然，比较研究一定是基于对某种制度的喜好，但是正如卢梭在《社会契约论》中说过的，没有哪一种政府形式适宜于一切国家，“采用比较法之‘利’，在于可以作‘他山之石’；但其‘弊’，则必须防其‘泥外不化’”❶。

1.3.3　解释法

解释的方法，包括对宪法的解释和对法律的解释，不但要考虑现实生活中具体的权利冲突，而且要考虑到社会共同体的价值体系。我们对行政资助制度的研究离不开宪法、宪法性法律和法律的文本。由于法律规范具有高度或者一定的概括性、开放性与原则性的特点，我们必须基于宪法和法律的规范客观地认识现有的各种有关行政资助的具体规范，发现其中的法律问题，加以判断并为行政资助制度的完善提供基础，不但要解决具体的社会现实冲突，而且要维护法律的尊严和稳定。但是，我们也要注意消除解释的恣意性。其办法就是以《宪法》、《立法法》和《行政许可法》的规范为基础，以文义、历史、体系、目的等解释方法为手段，以符合逻辑为原则，为事实问题的肯定或否定提供相应的法律依据。同时，“社会科学或法学既为科学之一种，自亦具有科学之性格，有其客观性之一面，决不能摆脱逻辑关系，而成其为科学”❷。进行宪法或者法律解释，无不牵扯规范的法律性质、裁量程度等方面的问题，不能离开演绎、

❶ 涂怀莹：《行政法专题研究》，五南图书出版有限公司1998年版，第40页。
❷ 杨仁寿：《法学方法论》，中国政法大学出版社1999年版，第38页。

归纳、类比等方法，应严格按照逻辑所要求的规范去梳理和构建行政资助制度。此外，在进行分析和验证时，经常不得不借助政治学、法社会学、法经济学的研究成果。应关注这些学科的思维方式、着力点与宪法学和行政法学更为关注权利和义务、权力与制衡的特点不同。但是，它们与法学共同之处是对正义和平等的价值追求，法学所研究的如何有选择地规范人的社会关系就是从权利与权力的关系中去寻找实现上述价值目标的方法。“对宪法的研究从来就不止是法学的，甚至主要不是法学的。……社会科学对于法学的‘祛魅’就是题中应有之义。”[1] 因此，行政法学研究本身就需要学科的交叉，也一定会受到其他交叉学科的影响，正如拉伦兹所言：“法学经常必须让其他学科先表示意见……因为唯有透过它们才能确切说明：被建议的规定方式在不同的社会事实领域中将发生何等影响、在该当事物范围究竟有哪些可供选择的做法、有哪些可供选择的手段、其各自的优缺点如何。研究法律政治的法律家必须由各该当学科寻找必要的资料、经验素材。”[2]

1.3.4 实证法

实证的方法，就是一种案例研究的方法，如亚当·弗格森之言，“民族或国家乃是因偶然缘故而形成的，但是它们的制度则实实在在是人之行动的结果，而非人之设计的结果（Adam Ferguson, An Essay on the History of Civil Society（1st ed.，1767），p. 187）”[3]。考察行政资助中人的各种行为模式和效果对于分析比较极为有用，但是“这种案例实证研究在我国显然有着特别的困难”[4]，其原因在于行政机关对于财政信息和案件信息的不透明。前者，虽然从 2008 年 5 月

---

[1] 张翔：《基本权利的规范建构》，高等教育出版社 2008 年版，第 165 页。
[2] ［德］卡尔·拉伦兹：《法学方法论》，陈爱娥译，商务印书馆 2003 年版，第 77 页。
[3] ［英］哈耶克：《个人秩序与经济秩序》，邓正来译，生活·读书·新知三联书店 2003 年版，第 12 页。
[4] 张翔：《基本权利的规范建构》，高等教育出版社 2008 年版，第 13 页。

《政府信息公开条例》实施起，各地行政机关开始公开备受关注的财政信息，但其公开的详细程度始终无法满足“为保障公民的知情权、参与权、监督权提供法律依据”❶ 的要求，如 2012 年深圳市科技工贸和信息化委员会公布的当年预算中有关行政资助的内容，只有“支持中小企业发展和管理支出 897 万元，其中：基本支出 555 万元；项目支出 342 万元”❷。另外，由于行政机关对于资助信息（受资助的事业方、金额等）的不完全公开，由行政资助引起的行政申诉、复议或诉讼案件无从得知，故而中国目前能够称得上具有标志性意义的资助案例几乎是空白，仅有“韩城市禹龙煤业有限责任公司诉韩城市经济发展局不履行产业结构调整政策纠纷案”（2009 韩行初字第 09 号，以下简称“禹龙煤业诉韩城经发局案”）可供借鉴，更谈不上具有“test case”意义的案例，所以我们只能借助一些与行政资助相关的“事例”和统计数字作为实证分析的对象，但本书的研究不以实例为核心展开，只将其作为佐证用之，因此实证研究的方法在本书中出现的次数有限。

1.4 结构安排

本书正文共分概述、合法性原则之遵循、比例原则之遵循、正当程序原则之遵循以及合理性之评估五个部分。

第一部分，行政资助的概述，解决行政资助的概念、当事人、目的、与转移支付的辨析和权利基础以及法治化路径设计六个问题。第一，行政资助之概念已有补贴说、援助说、助成说、狭义给付说和私经济说，本书在提出“许可说”的基础上，论证行政资助作为一种与转移支付大相径庭的授益性和助成（指导）性的行政行为，

❶ 莫于川主编：《中华人民共和国政府信息公开条例释义》，中国法制出版社 2008 年版，第 6 页。

❷ “深圳市科技工贸和信息化委员会 2012 年预算报告”，载深圳市科技创新委员会网 http：//www. szsti. gov. cn/info/finance/1/2。

具有行政许可之行为性质。第二，行政资助法律关系的当事人的分类包括资助主体和相对人两类，但是资助主体却不仅仅是行政机关，为了使国家公权力和社会公权力在多元结构下能够共存，发展民主的同时注重决策权的转移，避免行政机关成为有限和封闭的组织，因此资助主体的社会化趋势不可避免。第三，行政资助对于公共利益的满足和提高的作用间接，市场只能适度容忍行政权的介入。第四，行政资助虽属给付行政且受基本权利的限制，但其不似供给行政和社会保障行政受到社会权的节制，其为前两者提供物质支持。第五，行政资助的权利基础在于回应司法救济相对消极，但其价值在于回应现代人权中新生的集体性的基本权利——发展权，发展权固然不尽能得到裁判性的保障，但行政资助应该受到平等权这一基本权利的拘束。第六，相较于侵益性的高权行政行为，行政资助行为基于对公共利益的贡献而往往被忽略，行政资助政策制定和行政资助决定过程中远超出前者的法律不能明显给予的控制力。但是行政资助对公共利益的促进不能使其免于被法治施予一定的要求，它应该受到体现并促成正义价值以及实现有限政府精神的行政法基本原则的羁束，包括合法性原则、比例原则、信赖利益保护原则、正当程序原则，否则行政资助中的裁量空间更会使资助主体陷于专断和恣意。但是遵循信赖利益保护原则对于行政资助法治化的作用有限。由于该原则保护之利益并非确定性的利益（取得）。对于资助决定之当事人而言，不得不考虑行政资助政策和决定因情势变更而撤销、改变和废除所造成的风险因素。因此，该原则作用于行政机关，使资助政策得以稳定，并在具体的资助决定过程中使申请人干预竞争（信赖平等）、敢于自身投入（事业开展）、敢于坚持项目履行（持续供给），其意义在于使行政机关维护其行政行为的公信力和在与相对人建立公法关系后，能够秉承诚实信用的精神履行给付义务，但在推进行政资助的法治路径中，信赖利益保护之遵循能起到的作用也仅限于此。

第二部分，合法性原则之遵循，分法律优位原则和法律保留原则加以论述。二者中法律的态度不同，对行政资助的规制和调整路径不同，但互为补充。法律优位原则的间接作用使非权力性和授益性的行政资助不仅服从于行政资助方面架构性的法律，也须符合上位有关行政资助立法的目的、范围、权限和一般性原则；法律保留原则之于行政资助，法律的拘束作用既不能完全被行政机关排斥，也不能完全地羁束行政机关。相对保留原则使行政机关获得了制定行政资助政策和作出具体决定的裁量权。且无论法律如何尊重行政资助中行政机关的自主性地位，并鼓励其弹性地发挥在公共福祉方面的提升作用，财政预算法律始终是合法性原则拘束行政资助的核心，无此法律，则作为资助主体的行政机关将沉陷于法治国一直深以防范的恣意当中。

第三部分，比例原则之遵循，分辅助性原则、补充性原则和法益相称性原则加以论述。遵循比例原则的核心作用在于实现行政资助政策和决定的理性。虽然行政资助无法逃脱不平等的合理存在，但法治要求我们通过比例原则之遵循来控制行政机关的实体方面的自由裁量，使个案间的差异性具有合理的理由，使行政机关只在必要时利用公共财政以适当的方法对市场进行干预，达到促进公共利益提升的目标。一者，辅助性原则之功能在于分散行政机关的资源控制力、放松管制、建立有限政府、改善公共财政之经营和尊重社会自治。二者，超越“禁止过剩给付原则”的补充性的原则之作用在于促进公私合作、公助私成（指导）和上下交利、丰盈府库。三者，法益相称性原则要求行政资助中，为寻求公共利益的最大化，机会平等的限制可以被抱以容忍的态度，但是利害关系人由此造成的利益损害应尽可能被减少并得以分享由其牺牲而新增的公共利益，否则有违正义。符合比例原则的行政资助不仅体现在功能的辅助性和作用的补充性所展现的成本效益对比，其合理性更在于法益相称性原则。

第四部分，正当程序原则之遵循，分行政机关之公正义务、说明理由义务和相对人的听证权和信息公开加以论述。遵循正当程序原则的核心作用在于以本身就是公正的程序促使资助政策和决定具有合理性。社会国家的兴起，使行政机关承担的服务职能和裁量空间同步扩张，授益性行政行为的裁量空间又远大于干涉行政，行政法制体系不得不在行政资助中将正当行政程序提升到足以与正义相匹配的高度。不仅在与行政资助相关的抽象性行政行为中遵循正当程序，更应在具体之资助决定的作出中严格遵守正当程序之各项要求。行政资助遵循正当程序，不仅是约束包括行政机关在内的当事人不以损害正义和程序公正的方式追逐自己的利益，更重要的是，公民通过程序表达的对资助政策和决定的批评性的意见或解释，反映了具体法律或者行政行为的不公正性。一方面，行政机关必须履行回避、单方面接触之禁止和合议决定之义务，使资助之申请人能够信赖行政机关之公正，使资助的竞争性得以保证；另一方面，行政机关应该满足资助之申请人或当事人的要求说明理由的权利、听证权、知情权和卷宗阅览权。由此方能在行政资助中实现当事人的权利保障、节约事后救济的成本，并消弭由反射利益造成的行政救济作用之缺陷。

第五部分，合理性之评估，分资助之含义、意义和与其他制度之区别加以论述。资助评估作为一种参考性的行政事实行为，只是辅助性与替代性地促进行政资助法治化的手段，包括作为一种替代性的救济手段、提高法作为公权力行使的依据和指导的权威性以及促进正义的实现。通过对法律等规范性文件和具体决定的实效，由法定主体或委托主体进行前瞻性或回溯性的预测和评价，可以考量立法和行政是否有利于人民的平等和自由的发展，有利于人民的基本权利的实现，以及有利于处于不利地位的事业项目的状况的改善。

2 行政资助的概述

一般认为给付行政是20世纪初“行政国家”兴起后政府组织和权力膨胀、职能增加的表现，实际上行政资助行为较之福利国家中的社会保险、救助等给付行为更为源远流长。《管子·牧民篇》中写道：“故知予之为取者，政之宝也。”宋王安石推行保马法，以折变、沿纳等方式鼓励民户喂养马匹。尤其是政府从资本主义国家的兴起阶段开始，乃至整个19世纪的“守夜人式国家”就已经通过“对私人工业家直接提供补助金”❶ 表现出对社会和经济生活进行积极干预的倾向。近年来，为应对金融危机和拯救市场，中国政府确定的4万亿元的投资计划最终将体现为殊别的行政资助。素来强调市场作用的美国虽不常见资助行为，但2008年11月国会向政府拨款7000亿美元用以资助市场主体的规模实为该国史上所罕见。所以，行政资助在现代国家行政中比比皆是，也越来越发挥着经济安全、市场调节方面的重要作用。但是行政资助的根本在于财政，“财政是国家命脉，其中最重要之基础，在乎一个‘真’字。……支出必须有真实用途，收真实效果”。❷ 行政资助之决定权使政府拥有巨大的自由裁量空间，资助行为是否符合社会正义，并能够引导和维持公益之发展，取决于如何规制政府的资助决策，更在于如何认知行政资助的本原，否则无助于控制行政权力在资助中可能发生的天然恣意性。

---

❶ ［美］艾伦·沃尔夫：《合法性的限度》，沈汉等译，商务印书馆2005年版，第43页。

❷ 张君劢：《宪政之道》，清华大学出版社2006年版，第240页。

且作为一种授益性行政行为，“授益”的一方最有可能在其执行权力过程中寻求自己的利益，造成政治腐败和权力滥用，而官僚主义盛行下也必然衍生权力分赃、效率低下、公帑浪费等问题，最终退化人的生存能力和社会的创造能力，并威胁民主、自由和人权，与行政法学的目的背道而驰。因此，本章所针对行政资助的概念、当事人、目的和适用法律依据、权利基础、相关概念的辨析等关键因素进行的分析将有助于解决上述问题，并为随后的法治化路径设计提出有关行政法基本原则之初步构想。

2.1 行政资助的概念

行政资助的概念可谓众说纷纭，相比域外诸多学说，我国对行政资助的认知显得模棱两可，其原因在于对行政给付内容界定上的犹疑，本研究则鲜明地在“补贴说”、“援助说”、“助成说”等学说的基础上提出“许可说”。

2.1.1 中国行政法学之行政资助

首先必须指出，与世界各国的行政法学说中将行政资助纳入给付行政的范畴不同的是，我国目前的行政法学中，行政给付仅指行政物质帮助[1]，其中无行政资助的一席之地，也没有国内权威的行政法学著作能够对其进行明确的阐述（除姜明安教授和余凌云教授主编之《行政法》以外）。其原因在于我国曾长期受苏联行政法的影响，尽管“工业生产的财政可以依靠自己的积累，即企业的利润，也可以依靠国家信贷，即国家向联合公司和企业提供贷款，一部分由国家预算拨款”[2]，似乎可见国家之行政资助行为，但必须看到行

---

[1] 姜明安主编：《行政法与行政诉讼法》（第 3 版），北京大学出版社、高等教育出版社 2007 年版，第 273 页。

[2] ［苏联］B. M. 马诺辛等：《苏维埃行政法》，黄道秀译，群众出版社 1983 年版，第 272 页。

政资助的存在背景是国家与社会的二元化，体制内的资金流转不是资助。计划经济下，国家控制资源和生产，市场不存在，企业当然也不是市场主体，而只是庞大国家权力链条上的一个环节而已。当人不存在个体性、社会经济生活中不存在私法主体时，单一的、高权的公权力行政体系中岂有行政资助的立锥之地，即使是行政给付，也只是对公民个体的“帮助”行为，而非国家基于权力存在的合法性而对特定对象履行的一定的义务行为。

2.1.2 域外行政法学之行政资助

域外行政法学中对行政资助存在不同的认识，包括：

1. 补贴说。德国行政法中将行政资助视为补贴，指“国家或其他行政主体，为了实现特定的公共利益目的，给私人发放财产性资助的行为”❶。

2. 援助说。法国行政法中将行政资助视为“援助私人的公益事业”的一种行政活动，其对象包括：第一，政府无力举办的、但又符合公共利益的活动；第二，对社会秩序不可缺少的非公共利益活动。❷ 但是，非公共利益活动终究对公共利益有促进作用，如大量在非国有的企业或实验室内进行的科学研究活动，且此种援助在行政资助中日趋主流。

3. 助成说。部分我国台湾地区学者认为，行政资助是一种旨在激励的促进（助长）行政，“系经措施促进个别生活领域结构上之改善，譬如以经济资助方式达成促进经济、文化或艺术之发展，因此又称为‘资金助成行政’”❸。该说在日本学界也受到承认。

4. “狭义给付”说。日本行政法学界普遍将行政资助看作给付

❶ ［德］哈特穆特·毛雷尔：《行政法学总论》，高家伟译，法律出版社2000年版，第424页。

❷ 王名扬：《法国行政法》，中国政法大学出版社1988年版，第529～530页。

❸ 李震山：《行政法导论》，三民书局2007年版，第6页。

行政的一种[1]，一般从狭义的资助行政，即“经济资助的行政，即资金资助行政”来探讨，认为“资金资助行政是指行政主体为了保证经营的安定，满足公共需要，而对私人、私营企业提供资金或其他财产利益的行政作用”。[2] 部分我国台湾地区学者也认为给付行政中包括经济活动之资助，其所形成的资助关系，“是指行政主体因支持私法主体（自然人及私法人）达到特定公益目的，对其所为具财产价值之给付，所发生的法律关系”[3]。

5. “私经济行政”说。“为达成行政上之任务，所采取之私法形态的行为，例如……在景气低迷时对厂商纾困贷款或提供补助。”[4] 该说与“二阶段理论”较为契合，也贴近实际。即行政主体以行政命令或者行政合同的方式决定资助，再由行政主体本身或者其委托的私法主体以私法形式（如借贷合同）向相对人实施资助。

2.1.3 模式化并许可性的行政资助

在中国近四十年的发展历程中，市场经济迅猛壮大的同时也在不断承受着国际竞争压力。因此，为调整产业机构、加速技术进步、推动环境保护、传承文化艺术等，中央和地方政府通过各种行政资助形式有选择、有限度地进行干预早已是不争的事实，如科学技术部的国家科技计划项目，其中包括国家重点基础研究发展计划和国家重大科学研究计划项目；深圳市的科技研发资金项目，包括企业研发投入资助、技术标准资助、CMM/CMMI 认证资助等。行政实践

---

[1] 日本学者南博方认为给付行政包括供给行政、社会保障行政和资金助成行政，参见南博方：《日本行政法》，杨建顺、周作彩译，中国人民大学出版社 1988 年版，第 29～30 页；杨建顺教授将资金助成行政称为资助行政，参见杨建顺：《日本行政法通论》，中国法制出版社 1998 年版，第 329～330 页。

[2] 日本学者认为广义的资助行政还包括青少年的保护和培养，以及提供知识和技术等非经济性的内容。参见杨建顺：《日本行政法通论》，中国法制出版社 1998 年版，第 330 页。

[3] 黄异：《行政法总论》（第 5 版），三民书局 2006 年版，第 88 页。

[4] 吴庚：《行政法之理论与实用》（第 8 版），中国人民大学出版社 2005 年版，第 10～11 页。

中资助行为的大量存在，不但使得行政资助成为行政推行过程中实际存在的方式，而且“作为这样的行政模式之所以能够成立的重要因素，是因为作为相对人的私人、私企业也习惯这种方式”。[1] 因此，中国行政法学界应正视这一情况，基于对域外理论与当前国内实践的交互理解的基础之上丰富学科自身的研究对象，并建立相应的与行政资助这一行政模式相一致的法律制度。

第一，从主体论，行政机关是资助主体，但不是现代行政资助中唯一的资助主体，下文论述。

第二，从归属论，如前述“狭义给付”说，行政资助虽然归属于给付行政，但不包括对特定群体的保护和知识、技能的培养，并将该部分事宜归于包括公共卫生、福利保险、特殊人群保护和促进社会保障的行政，如2004年广东省拨款2.1亿元资助1万名贫困生读技校[2]；同时，行政资助与由国家为人民提供生活中必不可少的公共服务、公共产品的供给行政亦应加以区分，后者更注重设施（如道路、河道和海岸的整治，广场、博物馆、学校和医院等公园）的建设和组织（燃气、自来水、电力公共交通等企业）的成立，一旦物质具备或组织运营，则为其事业或项目开展提供的补贴则属行政资助，如2011年北京向公共交通投入的156.9亿元[3]并非全部为行政资助，其中设立公交公司的开办费和为开设公交线路增购的公交车、建设公交站等固定资产项目属于供给行政，弥补运营成本和营业收入间的亏损的投入才属于用于事业开展的行政资助，即补贴城市公共交通正常运营的亏损。

第三，从目的论，依前述诸说，行政资助之抽象意义奉行以公共利益为依归之圭臬；其具体意义在于对相对人起到助成之作用，

---

[1] [日] 盐也宏：《行政法》，杨建顺译，法律出版社1994年版，第236页。

[2] “广东：拨2.1亿元资助1万名贫困生读技校”，载新华网 http://news.xinhuanet.com/edu/2004-05/08/content_1456917.htm。

[3] “北京去年公共交通补贴共计投入156.9亿元”，载文新传媒 http://www.news365.com.cn/xwzx/gd/201207/t20120727_556151.html。

而非以奖励为目的。虽然“可兼容性是指行政资助可与其他行政手段共同使用”[1]，且行政资助与行政奖励均有非强制性行政行为的指导作用，但是二者终有不同，以“禹龙煤业有限责任公司诉韩城经发局案”为例。该案中，虽然韩城市经发局依据的《关于下达2007年淘汰落后产能奖励资金补充计划的通知》及所附的《韩城市2007年、2008年淘汰落后产能剩余奖励资金明细表》使用“奖励”一词，但其实质却为行政资助。一者，行政资助对“事”，行政奖励对“人”。302万资金据以给付的政策文件——渭南市和韩城市的环境整改方案——针对的是特定和具体的焦炭制造方面的环保事业，拥有被淘汰之锅炉并作出拆除行为的禹龙公司只是附条件资助决定的相对人；但是如果上无两个政策文件，仅有前述之通知和明细表，则因其先有特定的“人”——禹龙公司、后行特定的“事”——拆除锅炉，则302万元资金的取得应被归于行政奖励。二者，行政资助为事前，行政奖励为事后。在“禹龙煤业有限责任公司诉韩城经发局案”中，302万元虽为事后——锅炉拆除后给付，但是事先已因两个政策性文件形成了附条件的资助决定；相反，如果无事先的信赖基础存在，在锅炉拆除后经禹龙公司申请，产生前述之通知和明细表，则302万元的取得应被归于行政奖励。三者，本案中302万元的附条件给付的目的在于特定事业在行政机关的利益诱导下完成某种行为，而不是以对特定相对人的利益示范促使其他人行某种行为为目的。当然，行政资助与行政奖励在指导性和裁量性方面亦有不同，此处不赘述。

第四，以作用和对象论，上述诸说实无本质区别，但“助成”较之“援助”、“补贴”更为贴切。老子《道德经》中写道：“高者抑之，下者举之，有余者损之，不足者补之。天之道，损有余而补不足。”税收合此以损益求社会平衡之目的，行政资助则既非“抑、损”之术，但也绝非一味“举、补”之为。无论“援助”或是“补

[1] 姜明安、余凌云编著：《行政法》，科学出版社2010年版，第417页。

贴”，其对象有可能是那种国家如果不给予扶助即无法生存的个人或者组织，此时给付的目的在于保障弱者的权利或者某种事业的保护，如对个人的社会保险可归于社会保障行政、对某种文化或者非文化物质遗产的留存（如对古代墓葬、遗址的抢救性发掘），可通过或包含一定的行政资助行为归于供给行政；“助成”的作用在于促进发展，其对象是某种需要给予保证、改善或提升的事业，有可能是对强者的锦上添花。如对本国农副产品的补贴在于保证国家产业安全，国库对有关淮河流域治理污染科研项目的投入在于帮助地方改善当地的环境状况，对某项专利申请的资助在于提升高科技产品的技术水平。即资助的对象已经满足一定条件并具备一定的实力，如果给予助力将使其得到加速进步或者提高的动力或者机会。此种情况下，即使没有行政资助也不会对该项事业的自我发展产生损害。另外，汉语语境中的“援助”或者“补贴”意味着行政资助在于实现宪法规定的平等权，是履行为满足宪法规定的社会权而产生的国家义务，公民和组织具有请求权；“助成”下的行政资助是自由裁量下的行政权力行使，符合法律、法规、规章或者其他行政规范性文件规定的资助对象具有基于宪法平等权的申请之权利，而非前者出于宪法社会权意义的请求权，即国家没有对资助对象必须“授益”的义务。因此，如果使用“援助”或者“补贴”，将有可能将供给行政、社会保障行政混同于行政资助，故“助成”表明其纯粹的目的在于改善“经由特殊目的所制定的社会、经济或文化政策”[1]。

第五，从方式和内容论，行政资助的方式包括积极资助和消极减免，内容包括金钱、物品和服务或者某些可以使相对人获益的权利。积极资助使相对人直接获得金钱、实物或者服务，比如由国家或地方的外贸市场拓展基金承担某些企业在国外参加国际性展览的费用，地方政府招商引资中向引进企业提供的无偿使用的职工宿舍

[1] 彭明金编著：《行政法》，风云论坛有限公司2004年版，第12页。

和道路、电力等设施，由政府提供的行政办公“大企业直通车”服务等。消极减免指行政收费或者纳税的减免，如国家对认定的软件企业实施的“三免五减半”政策等。因此，从经济学的角度看，各种行政资助的方式和内容之间没有实质性的区别，都是相对人得到了额外的利益（权利以外的利益）而无须支付对价。

第六，从其作为行政行为的本质论，行政资助可被认为是行政许可（特许）行为。一者，公共财政来自于公民履行公法上的给付义务，公民通过立宪和制定法律使国家取得其存立所必要的物质基础，并授权行政机关对其进行管理和经营。对社会和公民而言，公共财政是提高社会福祉和个人福利的稀缺性的资源。二者，资助的给付不具有普遍性，它只无对价地给予符合行政裁量标准的相对人。对于相对人，资助决定是行政机关在公共资源的占有、使用、收益上为其“设定特定的权利……称为特许”[1]。三者，正如庞德指出的，“许可是一种通过法律事务创设并由法律确认的特权，一种进行一个或一系列行为的可撤销的个人特权”[2]，故而根据《行政许可法》第12条第2项[3]，公共资源配置属于需要赋予特定权利的事项。

综上，本书认为，行政资助是给付行政的一种，是包括行政机关在内的各种资助主体实施的以公共利益为目的、以特定事业（项目）为对象，对特定的私法主体给予的助成性的授益性行政行为，其本质为行政许可行为。故在我国有关资助立法和行政程序立法缺位的情况下，行政资助政策的制定和具体决定的作出应适用《行政许可法》。

---

[1] ［日］南博方：《行政法》（第6版），杨建顺译，中国人民大学出版社2009年版，第39页。

[2] ［美］罗斯科·庞德：《法理学》（第4卷），王保民等译，法律出版社2007年版，第102页。

[3] 《行政许可法》第12条第2项规定：下列事项可以设定行政许可：有限自然资源开发利用、公共资源配置以及直接关系公共利益的特定行业的市场准入等，需要赋予特定权利的事项。

2.2 行政资助法律关系的当事人

由行政资助形成的法律关系称为行政资助法律关系，亦称资助关系。资助关系中的权利义务的主体称为资助关系的当事人，分为资助主体和相对人两类。

2.2.1 当事人之分类

首先，实施行政资助的一方当事人——行政机关为资助主体，但是资助主体中除行政机关固然担负行政任务外，能够行使公权力、担负行政角色并成为资助主体的却不止于此。除行政机关作为固有的资助主体外，各类社会组织将是未来的主要资助主体，即发展的资助主体。

其次，另一方当事人为被资助主体，虽可大致确定为受资助主体因特定公益目的和事业项目而以财产价值之给付为形式支持的私法主体（自然人及私法人[1]），但在特定行政资助关系的形成过程中，由于在特定资助事项中，特定资助的取得对申请人具有竞争性，竞争的目的在于取得行政机关的经济利益的供给，该精神亦符合《行政许可法》第53条特许的“公平竞争”之规定[2]，且由于资助关系形成的关键在于行政机关作成资助之同意，必然对不同申请人产生不同的影响，私主体的当事人角色随之有所不同。后文中常使用之当事人概念大都指被资助主体，包括资助决定的申请人、相对人和利害关系人。

一者，在申请特定资助的过程中，希望得到资助并提出申请之所有私主体为申请人；二者，特定资助决定作出后，上述申请人均

---

[1] 私法人可具有公法上特别法人或独立法人之地位。

[2] 《行政许可法》第53条规定：实施本法第12条第2项所列事项的行政许可的，行政机关应当通过招标、拍卖等公平竞争的方式作出决定。

为该资助决定的相对人；三者，得到资助之申请人为直接相对人，可简称为相对人，未得到资助的申请人为间接相对人；四者，间接相对人因承受资助决定带来的权益可能受到的不利影响（公平竞争）之结果而对特定资助决定具有利害关系，故称为利害关系人。虽然未得到资助的申请人也可被视为不予资助之特定决定的直接相对人，但是基于申请事业（项目）的特定性，将未得特定资助之申请人列为受其间接影响（市场竞争能力的相对强弱）之利害关系人，不仅承认其作为资助决定当事人之法律地位，且不影响其作为申请人对资助取得之平等（竞争）权和当事人的（正当）程序性权利。

<table>
<tr><th colspan="4">当事人</th></tr>
<tr><th colspan="2">资助主体</th><th colspan="2">被资助主体（相对人）</th></tr>
<tr><td>固有的资助主体
（行政机关）</td><td>发展的社会主体
（社会组织）</td><td>直接相对人
（相对人）</td><td>间接相对人
（利害关系人）</td></tr>
</table>

2.2.2 固有的资助主体

一般认为在国家存在的历史中，一直担当行政资助主体的是行政机关。国家是有组织的政治社会，依宪法或行政组织法的规定而设置的国家各级行政机关必然首先作为公权力意志的执行者监护社会利益，行政机关通过行政资助中的授予利益和认可特权所达到的调控和满足社会经济和文化方面利益诉求的目的，是以维护公共秩序、推动公共发展来证明国家权力的合法性的手段。因此，行政机关作为资助主体的权力最为完整，包括抽象资助规划的制定权、审批权、提案权和具体资助的调查权、（资格）确认权、决定权。

2.2.3 发展的资助主体

发展的资助主体指行政机关外，具有资助决定权的社会组织，包括两种，第一种，本身具有法人资格，且单行法律已一般性授权其可以作出资助决定的社会组织，它可以在此基础上根据主管行政机关的有关特定事业项目的命令，以自己名义作出资助决定，如事业性的基金组织，此为“一般性法律授权加特定行政命令”（授权）模式，如《行政许可法》第23条❶；第二种，本身具有法人资格，根据行政机关的特定委托，在委托机关的裁量范围内或委托范围内，不但可以进行调查、审查等执行性事实行为，也可以委托机关的名义并副署自己作出资助决定，如行业协会，此为“委托模式”。两种模式之下，资助主体扩大、社会组织的形态和具体职能值得研究。

第一，行政资助主体范围的扩大。近现代以来，行政资助的范围不断扩大、事务日益复杂烦琐，但一方面，行政机关缺乏足够的专业人才；另一方面，在有限政府精神的约束下，行政机关编制的扩充速度成为制约行政资助满足的瓶颈。相反，社会的多元化形势下，民间人力、物力充沛，如果充分取得社会力量的协助，行政机关不但可以节省人力、降低开支，而且符合民主与效率原则；更重要的是，行政资助的权力非带有强制性，因此这部分国家权力可以向社会转移以实现特定功能的私人化，这样不但符合立宪主义的核心价值所希望的发挥社会主体的自立性与能动性，而且社会作为胡适先生在《美国之民治的发展》一文中指出的“共同生活、共同利益、共同志趣”❷的联合体，不但最为了解公共利益，而且联系也最为密切，最适于调和渐趋多元化的社会利益的莫过于社会本身。因此，行政资助的主体应该逐渐扩展到社会组织（如NGO、NPO），尤其是社区自治组织、行业协会和社会中介。但是行政资助的决定权、调查权和确认权的分离，并不意味着这一情况将被改变：无论社会组织是否依自治章程而享有社会公权力，在行政资助事务中行政机关对被授权和受委托组织、被授权组织对受委托组织都依法享有法律监督、目的监督、服务监督及指挥权力。

❶ 《行政许可法》第23条规定：法律、法规授权的具有管理公共事务职能的组织，在法定授权范围内，以自己的名义实施行政许可。被授权的组织适用本法有关行政机关的规定。

❷ 胡适：《胡适全集》（第42卷），安徽教育出版社2003年版，第547页。

第二，社会组织呈现三类样态。一类是依据非行政组织法的具体法律、法规、规章授权的社会组织，它们与行政机关一起既是中国行政法学中的行政主体，也是具有较为完整权力的资助主体，表现在抽象资助规划的审批权仍由行政机关或立法机关保留，如深圳市中小企业服务中心，其部分资金来源于市政府拨款，但作为会员制的事业组织其社会性已逐渐显露和加强。二类是得到各级权力机关明确授权或者其自治地位受到法律承认的社会组织，前者具有个案性，有时会出现在突发事件应对中，后者如美国的独立学校管理区，它的自治机关可以对辖区事业进行资助，拥有较为完整的决策权，资金来源于州和联邦的转移支付、地方政府的税收和民间机构的捐赠，我国目前高校中的科研经费支出部分采取这种模式。三类是受委托的社会组织。一方面，授权与委托之间没有实质性的区别，因为委托的本质也是“授权”，只不过社会组织得到的公权力的程度不同而已。一般来说，被授权组织往往能够得到资助的决定权，如社区自治组织和行业协会，而受委托组织则不能以自己名义作出行政资助的决定，换言之，受委托组织虽然有可能不具备最终的资助决定权，但是它同样具有被授权组织的进行调查和确认（资格）的权力，受委托组织作为资助主体的“不完整性”在于它只是在一定权力范围内以自己的名义行使公权力，如社会中介。另一方面，被授权的组织能否委托其他组织进行行政资助值得讨论。被授权组织既然可以自己名义在授权和特定职能范围内行使公权力，同时行政资助本身又无涉于国家强制力，那么它有权委托部分行政自治事务于其他社会组织乃应有之义，如行政资助的决定权以外的调查权和确认权。实际社会生活中这种情况无法避免，比如行业协会委托中介进行调查。

第三，社会组织的具体职能。如前述，社区自治组织、行业协会和某些 NGO 或 NPO 组织，当其得到授权时，其职能包括制定、调查、确认和决定。但除资助规划的制定和具体决定外，调查和确认职能也可委托其他社会组织，社会中介即典型，如会计师事务所、律师事务所和信托基金、小额贷款公司、保险公司、银行等金融机构。它们作为第三方对资助对象进行考察、评价和审核，向资助主体提出抽象资助规划和具体资助决定的建议。因此，在行政资助的大部分主要职能社会化的模式下，逐渐体现了这种构想："应该把政府建立于人类自治能力的基础至上……人类自治能力具有局限性，这并不表明人类应该屈从于单一权力中心的统治，成为寡头铁律的奴隶。没有必要由单一权力中心来支配所有其他人。较小利益群体能够根据自治原则组织起来，并在治理自己内部事务方面保持自主。"❶ 因此，在"委托模式下"，受委托社会组织在委托机关的裁量权限范围内取得适当的事实上的裁量决定权并由行政机关承担委托之政治责任，既未超越权限，也能够充分尊重和发挥社会自治、行业自治的专业性和利益贴近性，应无不妥。

第四，社会化模式的意义和实证。降低行政机关支配资助的权力强度，势必减少权力寻租和腐败的空间，能够缓解目前政府与公民之间因财政等各种政策信息不公开造成的紧张关系，进而可以促进"阳光政府"的建设，使公众可以自由获取行政资助信息。在建立起国家、社会、公民之间畅顺的沟通机制的同时，发挥各自的积极功能并协力使公共政策发挥提升社会福祉的作用。目前中国的行政资助体制中，社会中介已开始发挥作用，如深圳市《福田区科技创新公共技术服务平台资助暂行规定》中"中介审核"程序指委托会计师事务所对申请资助企业的财务状况进行审计；但社区自治组织、行业协会等的作用有限，如深圳市软件行业协会在每年的深圳市科技资金申报中只负责资料收集、专家考察等的组织工作，资助的规划和决策的主体仍为行政机关。美国全国民主基金会（National Endowment for Democracy，NED）在对发展中国家的政党和公民社会

❶ ［美］文森特·奥奇特罗姆：《复合共和制的政治理论》，毛寿龙译，上海三联书店1999年版，第4～6页。

进行资助的时候，坚持一个基本原则："项目从开始到结束均由受援国的团体负责设计和实施，并负责直接接受援助，不受外界资助人的控制。"❶ 如借鉴该体制并移植到行政资助过程，则政府无须对有限的资源设定过于具体和苛刻的条件，只需对某些结果制定和实施严格的验收标准。

综上，资助关系的法律主体分为资助主体和被资助主体，前者包括行政机关和社会组织，后者则包括在资助过程中曾为申请人的相对人和利害关系人。

2.3 行政资助的目的

美国学者诺齐克曾写道，"最低限度的国家"（minimal state）是那种"守夜人式国家，其功能局限于保护它的所有公民免于暴力、盗窃、欺诈以及强制履行契约等等"。❷ 但是自由市场经济的失败，使凯恩斯主义大行其道，即使是当代新凯恩斯主义理论，仍然秉承国家适度干预的精髓。正如市场经济的捍卫者哈耶克指出："经济活动的自由，原本意指法治下的自由，而不是说完全不要政府的行动。"❸ 因此，行政资助作为福利国家向发展国家转型时给付行政的重要内容，通过财政的选择性投放，在对社会经济、文化活动进行积极和温和的干预时，它所表达带有导向性的主张的目的和达成是值得研究的问题。

2.3.1 目的：公共利益

行政资助的目的在于促进和发展公共利益（见《行政许可法》

---

❶ ［美］弗朗西斯·福山：《国家构建——21 世纪的国家治理与世界秩序》，黄胜强、许铭原译，中国社会科学出版社 2007 年版，第 89 页。

❷ ［美］罗伯特·诺齐克：《无政府、国家和乌托邦》，姚大志译，中国社会科学出版社 2008 年版，第 32 页。

❸ ［英］弗里德里希·冯·哈耶克：《自由秩序原理》（上），邓正来译，生活·读书·新知三联书店 1997 年版，第 279 页。

第1条)。其原因在于：一方面，社会组织介入行政资助体制、以私法行为替代高权行政这一“社会之自愿性行为必须具有公共利益之实现取向”[1]。另一方面，“立法者应以公共利益为目标，最大范围的功利应成为他一起思考的基础”[2]，在边沁眼中，公共利益是最大多数人的最大幸福，卢梭也认为立法者的最终目的在于全体最大的幸福，因此他提出“法律乃公意的行为”[3]。但是如果考虑到早期的自由主义者将公共利益的最大目标定位于自由与平等，如果没有平等，自由则不彰，由于行政资助实际上是国家进行资源再分配的某种形式，那么它的对象的特定性会否反而造成普遍性的非正义？行政主体使用纳税人的贡献“转赠”于某些在经济或文化方面已经处于强势的群体是否在加剧社会的不平等？由此，行政资助不能直接作用于公共利益。

2.3.2 目的达成的间接性

2008年金融海啸中，中央和地方政府制定政策对“占有国内企业总数99%的4200多万个中小企业在国民经济中起到了重要的作用，贡献了60%的工业产值、50%的利税、68%的出口总额，以及75%的就业岗位”[4]的中小企业进行各种资助时，其目的在于维持公共利益存在和发展的根本，而非提高个人福利，因此，行政资助对于公共利益的间接性变现在财税供给义务主体受益的间接、公共利益提升的间接、间接作用的合理性等三个方面。

第一，受益的间接，指纳税人不直接受益于财政支出。一方面，税收具有公共性，即“税是对整个社会征收的，因而不考虑谁获得

---

[1] 詹镇荣：“德国法中‘社会自我管制’机制初探”，载《政大法学评论》第78期，第59页。

[2] ［英］吉米·边沁：《立法理论》，李贵方等译，中国人民公安大学出版社2004年版，第1页。

[3] ［法］卢梭：《社会契约论》，何兆武译，商务印书馆2003年版，第47页。

[4] “政府多手段积极救助，中小企业如何走出集体困境”，载经济观察网 http://www.eeo.com.cn/industry/small_med_firms/2008/09/03/112391.shtml。

了资助公益事业的利益”❶。另一方面，在任何时候公众或者立法者以及行政官员之间对于什么是公共利益绝不会达成完全的一致，它可能是个体利益诉求的总和，也可能是个体希望有组织的政治社会实现的目标。前者近乎于乌托邦式的想象，后者如果能够具有一致性的背景，则能够被接受和实现，因此行政资助中财政的效能不能被纳税人直接感受，但其追求的公共利益应该具有一般性和能够带来普遍性的益处，如对某种文化事业的资助的效果可能作用于这一文化群体，但文明的价值却在于全人类的广泛认同。

第二，获益的间接，指先“损”后“益”。正义固然是个案中体现的公平，但是正义本身允许不平等现象的存在，前提是“财富和收入的分配无法做到平等，但它必须合乎每个人的利益……不正义就仅是那种不能使所有人得益的不平等了”❷。供给行政依赖于资源的供给，经济发展阶段和状况则制约了资源的供给量。因此，为避免过度依赖税收、维持税负水平，预算必须被有效利用，使之通过市场干预获得增值、增加税收，充实政府可供给付的财政实力，实际获益的还是公共利益。是故行政资助一定会因标准的设定造成个体之间申请资格的差异，且资助也不可能平等犹如社会保障行政般人人有份，即获得资助的机会不平等。但“一个有害的行为，从其本身来看，也许是有益的，或者没有造成有害的结果。同样，一个有益的行为，从其本身来看，也许是有害的，或者没有造成有益的结果”❸。表明貌似非公正的行政资助却是间接地、借助社会的力量来让行政行为与公共利益保持一致，如“从长期看，科技投入对经济增长的弹性系数为1.402，即科技投入每增长1%，经济增长

❶ ［美］史蒂芬·霍尔姆斯、凯斯·R.桑斯坦：《权利的成本——为什么自由依赖于税》，毕竞悦译，北京大学出版社2004年版，第7页。

❷ ［美］约翰·罗尔斯：《正义论》，何怀宏等译，中国社会科学出版社1988年版，第61～62页。

❸ ［英］约翰·奥斯汀：《法理学的范围》，刘星译，中国法制出版社2002年版，第49页。

1.402%，科技投入对经济增长的拉动作用非常明显”[1]。

第三，合理的间接。行政资助乃间接地以利获利的行政行为，使资助主体有主观上滥用裁量的冲动，而其涉及的经济、文化产业的复杂及运作方式的间接也为权力运行超出其应有的空间创造了客观条件。为使资助得以合理裁量，使利益得以共享，必须通过民主机制和法律技术控制决策和裁量。一方面，以行政资助信息的公开控制财政预算。国家自古以税收和预算为命脉，现代自由国家控制行政权力的关键点也在于议会对度支情况的监察。行政民主化浪潮中，资助本身发挥助成性的指导作用需要“那些控制和管理行政机关的资源的稳定规则”[2]被正式公布并众所周知，而且为防止行政资助中权力与财力的结合，需要革除传统行政中神秘主义的痼疾，建立公开和透明的现代行政体制，使人们能够知晓资助信息并加以分析，从而修正整个行政政策过程和权力运行轨迹。更重要的是，行政资助中的难题是遏制行政权力对市场的控制，并波及其他领域。信息被垄断，权力意志将不可避免地通过资助行为渗透市场主体的行为规则，一旦自由的市场经济受到限制，个人自由也就失去了根本的维持手段和表达方式。另一方面，“法治所要求的并不是消除广泛的自由裁量权，而是法律应当能够控制它的行使”[3]。我们不能寄希望“行政机关对集体利益（公共利益）、正义、目的性等的自行权衡”[4]时能够主动地遵循我们制定的更加详尽的规制有关资助的各个领域的法律，且法律固有的滞后性和教条性使得我们即使采取最周密和适合的解释方法，也不能超过法律本身的能力，使其为公民和社会生活提供更大程度的安全和正义的保证，比如行政资助的

---

[1] 程华等：《政府科技投入与企业 R&D——实证研究与政策选择》，科学出版社2009年版，第145页。

[2] ［美］特伦斯·丹提思、阿兰·佩兹：《宪制中的行政机关——结构、自治与内部控制》，刘刚等译，高等教育出版社2006年版，第23页。

[3] ［英］威廉·韦德：《行政法》，徐炳等译，中国大百科全书出版社1997年版，第55页。

[4] ［德］奥托·迈耶：《德国行政法》，刘飞译，商务印书馆2004年版，第104页。

范围和具体的数额就不应当由法律作硬性的规定。因此，至少应该在资助政策制定和具体的资助行为中运用依法行政原则、比例原则、信赖利益保护原则、自然正义原则等具体分析资助是否合法、合理和程序适当与否。

综上，行政资助是行政机关制定经济政策并以经济利益的供给为手段，诱导私主体的事业项目进入国家希望之一定方向，虽然行政资助能实现国家经济的稳定与成长，但其间接之作用仍然是围绕着“公共福利是政府和国王存在的首要目的”[1] 而展开。

2.4 行政资助与转移支付之辨析

“财政宪法”被视为现代宪政文明的重要标志，同时强调代议机关对财政资源的控制也是现代公共财政理念的核心，但传统的秩序行政体制——财政大致分为收入、支出及财产管理作用[2]并未被解构，大部分的公共支出仍然不可避免地受到行政权自由裁量的影响，从而形成立法权和行政权之间对财政控制权的拉锯战。一方面，处于公共收支决策权力链中的立法和行政都具有公权力的本能，即利用公共资金扩大自身对社会生活、市场运行的干预能力的冲动；另一方面，“官僚们也有自身的特殊利益，那就是追求政府权力的最大化，至于公共资源是否得到最有效的利用不是或者很少是他们所考虑的问题”[3]。面对公帑靡费、效能低下之痼疾，1861 年，冯桂芬先生就曾切指“国家经费有常……斯万世无弊矣”。[4] 近年来，为实现区域开发、产业振兴、社会福利等方面的发展目标，中国中央和地

---

[1] ［爱尔兰］约翰·莫里斯·凯利：《西方法律思想简史》，王笑红译，法律出版社 2010 年版，第 83 页。

[2] ［日］南博方：《行政法》（第 6 版），杨建顺译，中国人民大学出版社 2009 年版，第 28 页。

[3] 周刚志：《论公共财政与宪政国家——作为财政宪法学的一种理论前言》，北京大学出版社 2005 年版，第 131 页。

[4] 冯桂芬：《校邠庐抗议》，中州古籍出版社 1998 年版，第 141 页。

方财政广泛采取行政资助和转移支付的帮助手段。如1986年至2006年，国家累计投入“863”计划达330亿元[1]，被称为财政拨款资助；2000年至2010年，中央财政对西部地区的转移支付总量达到4万多亿元[2]；上述公权力助力私主体之支出为行政资助，中央对地方的投入为转移支付，那么中央通过地方政府向特定目标给予资助，应如何界定？如2010年中央财政向56862名宁夏中等职业学校学生支付补助金9827.5万元[3]。倘视之为行政资助，则中央财政的支出对象为地方公共之事业；若确其以转移支付，则此财政行为之最终受益者为个人，似如给付行政之作用，可见今已在各级财政中比例呈扩张状的两种度支现象并非泾渭分明。设无辩之凿凿，妄谈公共权力之控制和公帑使用之规范，亦无法预测和评价财政之绩效。本节以宪政体制下立法权和行政权的构造为视角，立足行政资助，厘清二者的原义之分和相应的判断标准。

2.4.1 转移支付的概念

转移支付（transfer payment），由英国经济学家庇古（Arthur Cecil Pigou）提出，在其1928年出版的著作《财政学研究》中指出，转移支付是一种本质上的再分配制度。后世学者从经济学视角剖析了它的制度构成和具体内容。从制度构成看，转移支付包括社会保险和社会福利两个方面；从具体内容看，包括政府支付的各种补贴、往来拨款、资本转移和债务利益支出、养老金、失业救济金等[4]。本书不关注转移支付的经济学属性，但既为制度，则必须基于法律科学的视角，从公法学角度认识转移支付的法律关系和制度价值。

---

[1] “863计划实施20周年纪念大会隆重召开”，载中华人民共和国科技部网 http：//www. most. gov. cn/sytt/200612/t20061230_ 39392. htm。

[2] “西部大开发中央财政转移支付总量超4万亿元”，载中国广播网 http：//www. cnr. cn/china/gdgg/201007/t20100708_ 506703345. html。

[3] 中央和自治区两级资助宁夏中等职业教育近亿元，载中国新闻教育网 http：//zhijiao. jyb. cn/zyjyxw/201007/t20100720_ 376399. html。

[4] 邓子基：《现代西方财政学》，中国财政经济出版社1994年版，第125页。

首先，法律关系。

一者，从法律关系主体看，形成转移支付法律关系的主体包括居于关系一端、作为接受转移支付主体的下级地方政府和居于关系另一端、作为支付主体的上级政府与中央政府。此时“政府”应作广义的理解，包括中央和各级地方的权力机关和行政机关。发生在各级地方政府之间或者地方政府与中央政府之间的转移支付关系具有同质性。其中申请、决定和执行等复杂的程序性关系本书不加赘述，但须明确中央或上级政府的权力机关拥有转移支付的决定权，同级行政机关拥有法案的制定权和执行权；下级地方政府的权力机关可以参与转移支付的申请并将转移支付纳入预算的范围，但请求权无疑为下级地方的行政机关所必需。

二者，从法律关系的客体看，转移支付所指向的对象是其所带来的利益。该利益以金钱为主要内容，也包括其他有形之物资，旨在满足地方共同体的利益诉求。这一诉求的范围尽管涵盖该地方的个人利益和其他各种普遍利益，但它的形成是由地方社会生活中存在的多元的需求或要求，通过民主机制进行正和博弈，经由代议制或创制、否决等直接民权的路径，最终形成的当地“事关社会维持、社会活动和社会功能的请求，是以社会生活的名义提出、从文明社会的社会生活的角度看待的更为宽泛的需求与要求”[1]。

三者，从法律关系的内容看，两方主体的权利和义务因转移支付形式的不同而相异。转移支付具有有偿性和无偿性两种形式。前者指随着地方自治运动的开展，所建立的“权力下放政府制度”(system of devolved government)[2] 或者“在性质上仍属国家职权之事项，但是国家就该事项已有立法，而由地方自治团体依该法以自己

[1] [美] 罗斯科·庞德：《法理学》(第 3 卷)，廖德宇译，法律出版社 2007 年版，第 19 页。

[2] [英] 彼得·莱兰、戈登·安东尼：《英国行政法教科书》(第 5 版)，杨伟东译，北京大学出版社 2007 年版，第 53 页。

之名义为执行”的委办事项[1]的增多，地方政府承担的中央和上级政府的事务越多，则可能获得的有偿性的经费资助或补贴越多，其意在于“依据居民的意思来进行的这一民主主义的要素”[2]，使公民不断获得更为贴近、高效、具有竞争性和成本更低的公共服务。此时，中央或上级政府既有权向地方委派事务，则应该支付相应的费用，地方政府虽无权拒绝委派事务，但有请求获得相应成本补贴的权利；后者指地方政府从事地方固有的事务时，在有组织或者行为能力提供服务，但不具备或者缺乏财政能力的情况下，为了“矫正尽管地方政府当局实施了干涉但依然存在的市场失灵”[3]，向上级或中央政府提出资金帮助的申请。上级或中央政府出于维持或者扩大福利国家的涵盖范围的目的，并非为委派事务支付对价而提供财政补贴。此时，上级或中央政府有权决定转移支付申请的批准与否，并监督地方政府的使用情况，地方政府则有申请权并负有诚实管理者的义务，妥善保管和使用转移支付。

其次，制度价值。转移支付的制度价值在于实现国家与地方、地方之间的平等。转移支付之所以表现为政府间的补助，是以各级政府之间或同级地方之间财政能力的差异为基础，而进行的转移财政资金的活动，其背后蕴含的是平等价值的追求，即中央与地方、地方之间发展机会的平等。正如1978年美国加州大学董事会诉巴基案中，瑟古德·马歇尔（Thurgood Marshall）大法官指出某些问题上的“差别不是程度上的，而是本质上的”，因此以“肯定性行动政策”（Affirmative Action Program）来实施“逆向歧视”（Reverse Discrimination）[4]。

---

[1] 黄异：《行政法总论》（第5版），三民书局2006年版，第88页。

[2] ［日］芦部信喜：《宪法》（第3版），林来梵等译，北京大学出版社2006年版，第320页。

[3] ［美］斯蒂芬·贝利：《地方政府经济学：理论与实践》，左昌盛等译，北京大学出版社2006年版，第218页。

[4] Regents of University of California v. bakke，438 U. S. 265，400（1978）.

一方面，地区差异必然影响地方间地位的平等和发展机会的平等获得。地方之间的差异是因历史、文化、地理、资源、经济结构等因素造成的在自我发展能力方面存在差异的现实状况，正如1787年6月11日出席美国联邦制宪会议的宾夕法尼亚州代表詹姆斯·威尔逊先生在书面意见中指出的："较大的邦自然不愿意让他们的财产听任较小的邦处置，就像较小的邦不愿意让他们的财产听任较大的邦处置一样。"❶ 为了避免那种利用地域、人口、产业基础、经济积累等优势或突发事件救灾减灾而以邻为壑的情况发生，必须采取一些切实可行的办法。除美国参议院中各州不分大小强弱，一律只拥有两名参议员的做法之外，以转移支付平衡区域发展不失为一个好的办法，也符合设立中央政府以公正秉持全国之最高权力的初衷。如2010年8月11日，美众议院批准260亿美元州政府援助法案❷就是典型的中央政府以转移支付平衡地区实力的举措。就中国而言，以2009年全国GDP统计为例，甘肃省（面积45.5万平方公里）达到3380亿元，宁夏回族自治区（面积17.7万平方公里）为1335亿元❸，相邻两省差距达到2000亿元，后者的可持续发展能力显然低于前者，如果任由实力差距加大，则地域经济稳定堪忧，并带来一系列的政治问题。因此中央政府必须以转移支付支撑"弱"地方财政，帮助地方政府解决其自身不能解决的公共产品供给上的问题。消除地方之间在社会、经济、文化等各方面发展的不平衡，增进地方福利，最终使国家权力的合法性和有效性得到更为坚实的依托和证明。

另一方面，中央和上级政府的权力冲动必然会侵蚀地方固有的权力和利益。"人人都明白，国王是整个英国境内那些以国王名义进

---

❶ ［美］麦迪逊：《辩论——美国制宪会议记录》（上），尹宣译，辽宁教育出版社2003年版，第103页。

❷ "美众议院批准260亿美元州政府援助法案"，载新浪网 http://finance.sina.com.cn/stock/usstock/c/20100811/04118458764.shtml。

❸ 此数据系2010年1月国家统计局公布。

行统治的人的主人。”[1] 地方政府相对于上级和中央政府居于财政资源掌握上的劣势，地方间唇齿相依，“弱”地方更易为强大的上级和中央政府的权力吞噬，“强”地方的权力亦不免危机。但不可否认，“国家和地方都互相利用对方扩展自己的控制权力……竞争突出地表现在财政控制权方面”[2]。为了避免冲突，必须扶弱抑强，以转移支付适当削弱上级和中央政府的财力和基于强势的自信，达成现代宪政制度下中央与地方势力各自应该保持的平衡状态。“这种平衡实际上一方面依赖于总体政府有能力处理总体利益；另一方面，地方政府在必要时又能够单独存在。”[3] 如果忽视上级和中央政府本能地会借助各种手段使财政权力集中化，一者造成上级和中央政府的至高无上，刺激暴政的产生、强化自身的利益满足的同时助长地方政府的盲从和惰政；二者，“财权集中，而地方日趋贫弱……所以中央一失败，全国土崩瓦解，再也没有办法”[4]。势力的偏向必然造成中央与地方利益的共损。因此，通过转移支付有助于达成上下级地方之间、地方与中央之间地位平等，达成可以共赢的平衡，建立自下而上的在平等发展机会中进行利益整合的宪政机制。

综上，本书认为，转移支付是一种宪政体制下能够使中央与地方、各级地方、各个地方之间平衡发展的利益再分配制度，是下级地方政府通过无偿或者有偿方式从上级或中央政府获取资金、物资等利益扶持（扶助）的过程，是基于平等价值的追求而产生的促进地方公共服务水平得以提升的方法。

---

[1] ［法］马克·布洛赫：《封建社会》（下卷），李增洪等译，商务印书馆2005年版，第684页。

[2] 张静：《基层政权——乡村制度诸问题（增订本）》，上海世纪出版集团2007年版，第265~266页。

[3] ［美］赫伯特·斯托林：《反联邦党人赞成什么——宪法反对者的政治思想》，汪庆华译，北京大学出版社2006年版，第65页。

[4] 钱穆：《中国历代政治得失》，生活·读书·新知三联书店2001年版，第78页。

2.4.2 行政资助与转移支付的共同点

行政资助与转移支付之间明显之共性有二：第一，客体均为以资助、补贴等为形式，以金钱为主要内容，其他物资辅之的利益；第二，行为的授益性。一者，所授之益具有福利性，行政资助为相对人提供的是私人福利，中央和上级地方为下级地方提供的转移支付可视为地方福利。这里，福利应作广义的理解，它“并不仅仅指政府发给失业者、老人和贫民的救济品。……事实上福利是一个内容广泛、包罗万象的专有名词，既包括市场提供的利益和机会，也包括由于国家和其他权力机构的政治干预而形成的利益和机会”❶。二者，授益之作用分直接或间接。行政资助之于相对人，促进私主体利益提升的作用直接，间接惠及公共利益；转移支付则直接作用于各级地方的整体利益，公众只能借助地方政府的供给行政，如公共供给、社会保障行政间接地分享利益，行政资助只是其中使公众受惠的方式之一。因此，当公权力针对特定的目标，在采取非强制性的行政资助或者作为介入地方事务之手段的转移支付之间进行选择时，必须以特定目标作为指导方向对行政资助行为或转移支付立法的实效性加以预估和评价，必须“强调现有需求、社会现实、可利用的法律工具、团体政策和可预测的效果是立法要考虑的首要因素”❷。除此二项外，尚须以发展历程、行为的属性和作用进行考察。

第一，发展历程——史存悠久。行政资助与转移支付在人类历史长河中源远流长。以行政资助论，《周礼·地官·司徒第二》中记载，叙官之职责为“以荒政十有二聚万民：一曰散利……”所谓散

❶ ［美］苏珊·斯特兰奇：《国家与市场》（第2版），杨宇光等译，上海世纪出版集团2006年版，第218页。

❷ ［美］罗伯特·S. 萨默斯：《美国实用工具主义法学》，柯庆华译，中国法制出版社2010年版，第141页。

利为“贷种食也”，即借贷种子和粮食给灾民❶；《管子·国蓄》中写道：“故（人君）守之以准平……春以奉耕，夏以奉耘，耒耜械器，种穰粮食，毕取赡于君，故大贾蓄家不得豪夺吾民矣。”❷ 意思是国家给农民以实物资助，并在灾荒和春秋物价变动较大时予以保护，使之不受高利贷盘剥，以致力于农业生产，此资助之法为北宋王安石变法之“青苗法”所沿用。以转移支付论，早在《礼记·月令第六》中即记载“贡职之数，以远近土地所宜为度，以给郊、庙之事，无有所私”。意思为进贡的物品是供给祭天和宗庙祭祀等大事所用，天子并不把贡物据为私有。老子《道德经》中的记述：“高者抑之，下者举之，有余者损之，不足者补之。天之道，损有余而补不足。”❸ 此调节盈余以弥补亏损的思想可谓现代转移支付的鼻祖。汉代《盐铁论》中更进一步认识到“故盐、铁、均输，所以通委财而调缓急。罢之，不便也”❹。后世用以民食调剂的漕运制度即典型的转移支付，其他的转移支付现象更是比比皆是，如清康熙十七年（1678 年）清政府为实施新的治理黄河计划，特划拨“治河”经费 250 万两白银❺。可见，中国历史的长河中早早留下了二者的印记，并发展至今，被赋予了新的内涵。

第二，行为属性——财政支出行为。财政是资源，“所有的权利都需要公库的支持”❻。旨在提升公共利益、实现个人权利的行政资助和转移支付的行为的完成和实效，取决于一国的中央和地方各级政府的税收状况和开支能力，即公共财政是二者共同的基础。既然二者关乎预算和征税——这两个政府最重要的权力，为“量入为出、

---

❶ 林尹注译：《周礼今注今译》，台湾商务印书馆 1992 年版，第 99 页。
❷ 黎翔凤校注：《管子校注》（下），中华书局 2004 年版，第 1269 页。
❸ 任继愈：《老子译读》，北京图书馆出版社 2006 年版，第 169 页。
❹ 王利器校注：《盐铁论校注（定本/上）》，中华书局 1992 年版，第 3 页。
❺ 《清实录》（第 4 册），中华书局 1985 年版，第 719 页。
❻ ［美］史蒂芬·霍尔姆斯、凯斯·R. 桑斯坦：《权利的成本——为什么自由依赖于税》，毕竞悦译，北京大学出版社 2004 年版，第 3 页。

本有常经”[1]，则两类支出必须遵从法治精神，如中世纪罗马法的一句法谚：Ouod omnes tangit ab omnibus approbetur（凡影响全体人的事务应获得全体人的认可）[2]，二者必直接或间接地受制于财政立法。所谓转移支付受制于立法的直接性，指任何一项转移支付的法案必须获得立法机关的批准后才能执行，如美国宪法第 1 条第 9 项第 7 款规定，除依法拨款外，不得自国库提出任何款项；一切公款收支报告与收支账目应时常公布之。其法案必须对象具体、事项特定、内容明细和公开。执行机关严格受到立法的羁束，几无裁量空间。同时，既为“国会之重要权力，国会因具有逐年预算审议与同意拨款之权，得以监督政府之行政”[3]。所谓行政资助受制于立法的间接性，指立法机关只决定行政机关可用于资助私主体的大致的“盘子”，其立法内容一般只载明可能资助的产业或事业方向而无具体的决策标准，实际上授权行政机关行自我判断之权力，立法机关的监督主要在于事后对资金是否被合理使用的考察。资助决定的过程中，行政机关等资助主体裁量空间极大，向立法机关提交的执行情况报告偏于宏观，不在乎具体的资助个案。

第三，行为作用——助成。如前述“助成说”，行政资助之作用，仅为“助成”。作为行政资助价值背景的宪政主义是以坚持个人为价值本位为基础建立起来的学说，强调“任何行之有效的个人主义秩序都必须是按照下述两种方式加以型构的：第一，个人对其能力和资源的不同用途所能够预期的相对酬报乃是与他努力的结果对于其他人所具有的相对效用相一致的；第二，个人所能够预期的这种相对酬报也是与他努力的客观结果而不是与人们对他的努力所作

---

[1] 郑观应：《盛世危言》，华夏出版社 2002 年版，第 296 页。

[2] ［美］曼斯菲尔德：“近代代议制和中世纪代表制”，见刘小枫选编：《施密特与政治法学（增订本）》，刘锋等译，华东师范大学出版社 2008 年版，第 287 页。

[3] 廖正胜：《美国宪法导论》，五南图书出版有限公司 2007 年版，第 24 页。

的主观评价相一致的"[1]。因此，当个人拥有权利并能够在多元的社会空间中得以自我开展与实现，"有机会开展自我的价值选择，而不被社会优位（或国家优位）的价值意识压抑"[2] 时，自我负责必然成为社会对个人的要求，国家不可能在个人追求事业发展时采取超出适当予以支援的作用方法，即应遵守补充性原则[3]和辅助性原则，尽管行政资助可以突破"不得对不需要给付者予以给付，不得对需要给付者予以超出其所不足部分的给付，不得对起初需要给付、经受给付后不再需要给付者以继续给付"[4]，但行政资助的助成作用仍具有绝对性。

同理，正如美国宪法第十修正案的规定，本宪法所未授予合众国或未禁止各州行使之权力，均由各州或人民保留之，既然"保留给人民的权力已经被引申为是对于地方自治的天然权力的承认"[5]，那么出于地方的自我决定——宪法保障的地方自治意味着"国民 = 住民自律地决定自己生活领域的统治意思"[6]，转移支付同样应具有补充性和辅助性的特点。追求区域间财政平衡的转移支付制度不反对区域差异性影响地方政府接受的补贴额，如加拿大不列颠哥伦比亚省地方政府中，"所有学校特别区超过 95% 经费和所有地方医院特别区超过 50% 的活动经费均从省级规定使用条件的财政补贴中获取。与之相反，一般而言，市或地方行政区接受的这项补贴平均不

---

[1] ［英］弗里德里希·冯·哈耶克：《自由秩序原理》（上），邓正来译，生活·读书·新知三联书店 1997 年版，第 40 页。

[2] 许育典：《宪法》，元照出版有限公司 2006 年版，第 96 页。

[3] 供给行政也应遵守禁止过剩给付原则，但对行政资助而言，该原则并不适用，见后文中有关比例原则之论述。

[4] 杨建顺："论给付行政的法原理及实现手段"，见杨建顺主编：《比较行政法——给付行政的法原理及实证性研究》，中国人民大学出版社 2008 年版，第 20 页。

[5] ［美］文森特·奥斯特罗姆等：《美国地方政府》，井敏等译，北京大学出版社 2004 年版，第 31 页。

[6] ［日］阿部照哉等编著：《宪法》，周宗宪译，中国政法大学出版社 2006 年版，第 447 页。

足其全部收入的4%”❶。但是，上述两项原则在转移支付中起相对的作用，少数情况下会出现中央或上级政府的越俎代庖，如《美国联邦应急计划》规定，在遭受灾难性的重大灾害或紧急状态时，灾区的州和地方政府自救能力不足，依据《斯塔福德救灾与紧急事件援助法》的有关条款，联邦政府应及时作出反应，调配联邦资源，采取援助措施，支援州和地方政府。❷ 根据《斯塔福德救灾与紧急事件援助法》，联邦政府可以承担将社区恢复到平安、卫生和安全的局面所需的费用。❸ 即转移支付的助成作用亦具有“地方不能则国家始能”之绝对性。

2.4.3 行政资助与转移支付的区别

作为具有政策性指向的行政资助与转移支付，行政资助政策较为微观和具体，资助决定具有特许性质，由《行政许可法》、《中小企业促进法》等作为权力依据，往往只限定于某个产业或者领域；转移支付属立法行为，政策性更为宏观和宽泛，权力依据《宪法》（第3条）和《地方各级人民代表大会和地方各级人民政府组织法》（第8条）等之规定，有时虽兼具事务的具体性，但往往需要行政资助的具体行政行为加以落实，如前述中央财政支付宁夏中职学生补助金事例中，貌似中央财政直接对宁夏中职学生进行对象特定的行政资助❹，但实际上该行为具有两个阶段：第一阶段，中央针对特定的事业——群体明确的中职学生的技能教育经费不足的问题，着眼

---

❶ ［加］罗伯特·L. 比什等：《加拿大不列颠哥伦比亚省地方政府》（第3版），孙广厦等译，北京大学出版社2006年版，第242页。

❷ 赵成根主编：《国外大城市危机管理模式研究》，北京大学出版社2006年版，第287页。

❸ 夏保成编著：《美国公共安全管理导论》，当代世界出版社2006年版，第229～230页。

❹ 根据《义务教育法》，中等职业教育不属于9年义务教育，故此补助行为不属于社会保障行政，该转移支付到达宁夏后，行政机关向中职教育机构的拨款系以为学生代偿学位为条件的兴办中职教育事业的行政资助。

点在“大事”，不关心个体成员；第二阶段，由宁夏教育行政部门实施具体行政行为进行资助，着眼点在“小事”，即个体成员的事业发展。政策范围和实施阶段只为二者相异之部分，更重要的是要区分二者的性质、主体和作用三个方面。

第一，性质不同。行政资助是一种行政行为。有关其政策的法律渊源可表现为法律、行政立法、地方性法规、行政规章和其他规范性文件；但其实施为具体行政行为，即享有行政资助权能的行政主体或者其他委任之私人运用资助权对行政相对人作出的法律行为，是在有关资助的“行政活动之中，在具体场合具有直接法效果的权力性行为”❶。一者，行政资助不属于高权性的公权力行政，而是受到公法一定程度拘束的为达成行政上之任务，所采取的私法形态的行为，即所谓“私经济行政”，此时，充当资助主体的“行政主体立于私法上当事人或财产权主体地位，从事于形式上私法行为的各种行为”❷ 之一的资助行为。二者，行政资助属于行政权的自治范围之内，行政主体可以兼具政策性抽象行政行为的主体和具体资助行为的主体的双重法律地位；而且由于其具有授益性，资助主体即使缺乏作用法上的法律授权，仍然可以进行资助行为，裁量空间大。三者，有关资助的行政立法和其他规范性文件的制定体现行政机关的政策走向，可以不受司法审查；但是具体的资助行为的作出则是法律问题，法院可以判断资助主体作出资助决定过程中裁量的合法性。四者，立法机关对行政资助实施间接控制，对其政策性的抽象行政行为可根据《立法法》等法律进行合法性审查，但对个案性的资助决定则无能为力，关键还在于审查资助预决算，把握资助事业方向的合法性、合理性和实效性。手段包括：行政资助事业预算和方向必须以法律形式固定；行政主体除接受立法机关代表的询问和质询外，必须将预算执行、调整和其他财务状况的审计报告完整和

---

❶ ［日］盐也宏：《行政法》，杨建顺译，法律出版社 1994 年版，第 80 页。

❷ 冯桂芬：《校邠庐抗议》，中州古籍出版社 1998 年版，第 1 页。

详细地提交立法机关。值得注意的是，随着现代国家趋向于福利化，行政机关越来越需要承担更多的公共事务，尤其是1921年美国国会通过《预算与会计法》所开启的现代行政首长制度，预算议案的制定交由行政并由其提交，虽然行政权力貌似扩大，但法治授予其的是被控制的广泛的自由裁量权，使“行政部门拥有‘创制与领导权’，而立法机关应主要行使‘最终决定与控制权’。……市民授权给政府，以满足现代生活的需要；作为回报，市民可以通过综合预算制度来增强对政府的监督”❶。

转移支付是典型的立法行为，其渊源只能为各级人大制定的法律和地方性法规。一者，转移支付属于政治问题，《立法法》第90条为权力机关自我审查留下了空间，司法一般不得干预。尽管政治司法化趋势愈发明显，但面对地区间激烈的利益争端的转移支付立法，为维护法院的超脱地位和正义的代表的形象，法院应保持相对谦抑的态度，恪守受案的成熟度原则，只要有关转移支付的立法“包含了是与非的更高原则并符合我们有关正义的最基本理解”❷，就应尽量作出合宪性的推定。二者，转移支付取决于公共财政的支持，基于人民主权的原则。一方面，根本性的程序要求使政府必须明确获得法律授权才能通过税的征收获得财政资源，使转移支付成为可能。另一方面，对于转移支付的控制而言，“未经立法授权，财政部不应进行任何拨款，并且只能用于法定的目的”❸。这就意味着行政机关只是转移支付的执行主体，必须依法行政，严格按照转移支付法律使用划拨资源。总体上看，行政机关在执行转移支付立法中的自由裁量受到严格限制，远小于行政资助。除预算决定权不归

❶ ［美］乔纳森·卡恩：《预算民主——美国的国家建设和公民权》，叶丽娟等译，上海人民出版社2008年版，第177页。

❷ ［美］乔治·P. 弗莱切：《隐藏的宪法——林肯如何重新铸定美国民主》，陈绪刚译，北京大学出版社2009年版，第4页。

❸ ［英］A. W. 布拉德利、K. D. 尤因：《宪法与行政法》（第14版）（上），程洁译，商务印书馆2008年版，第391页。

属于行政机关、行政机关向立法机关报告执行情况外，支付给地方政府的补贴有时会被立法机关设定一定的使用范围。出于特别服务的考虑，而且仅仅能用于该种服务，即有条件、分类别的或者具有指定用途的财政补贴被称为特殊财政补贴，用于支持范围广泛的服务，无条件的或者整块财政补贴被称为一般性财政补贴❶。三者，立法机关对于行政机关执行情况的控制具有直接和间接两个层次。直接控制体现在前述转移支付预算的批准方面，间接控制表现在立法机关一般不关注执行的过程，而只对执行情况进行质询、审查或者就特别事项发起调查。因此，合法的转移支付预算法律得以良好执行的“保证方法终有赖于极完备的监督及审计制度”❷。有关审计监督的独立性问题不在本书的讨论范围。

第二，主体范围不同。一者，行政资助的决定主体范围宽泛于转移支付。前者，行政机关是资助的固有主体，但是随着行政资助范围的不断扩大、事务日益复杂烦琐，一方面，行政机关缺乏足够的专业人才，另一方面在有限政府精神的约束下，行政机关编制的扩充速度成为制约行政资助绩效的瓶颈。且行政的现代化改革本身就是以削减行政规模、权力委任为主导，因此行政民主化的浪潮必然促使在法的统制下，允许私人参与行政作用、担任行政辅助，则“资助补助行政的私人补助诸现象中，资金补助的行政过程中实质性地将行政体所分配的财源再分配给最终资助的私人”❸。后者，转移支付的决定主体必须为中央（或国家）和地方（或地方自治团体）的代议机关，立法权不容委任是为通义。二者，行政资助的相对人必须为私主体，而转移支付的接受方一定为公法主体，一般为地方或下级行政机关（我国为地方政府的财政部门，域外有设置受议会

❶ ［美］斯蒂芬·贝利：《地方政府经济学：理论与实践》，左昌盛等译，北京大学出版社2006年版，第180页。

❷ ［英］戴雪：《英宪精义》，雷宾南译，中国法制出版社2001年版，第350页。

❸ ［日］密丸恒治：《私人行政——法的统制的比较研究》，洪英等译，中国人民大学出版社2010年版，第177页。

机关监督或者管理的统一基金账户的情况），但地方和下级行政机关在制定和向本级权力机关提出预算议案时必须将转移支付纳入其中。同理，地方权力机关的审查和批准也必须考虑转移支付的因素。

第三，作用的差异。行政资助和转移支付各有作用，除去前述共有之“助成”作用外，转移支付拥有的中央对地方、上级政府对下级政府的控制和合作以及共治作用为行政资助所不具备。有关地方自治保障的根据有承认说、制度保障说和固有权说❶，如果“就政治上而言，地方自治团体是国家与民主生活之基石，地方事务由人民自行办理，最符合人民意愿”❷。且“即使在中央集权最为强烈的国家或时代，地方政府都拥有一定的自主权”❸。因此，如果拒绝承认地方有固有之权力经办自治事务，显然不具备说服力。

但是，一方面，“自治必行动于国家监督之下”❹，中央对地方监控的方式除立法和行政监控等正式方式外，以人事和财政等非正式手段控制更为有效，即使在实行地方自治的西方国家虽然惯以立法方式进行监控，但财政方式也越来越广泛地被采用。财政控制手段之一即转移支付，中央或上级政府的转移支付的规模甚至可以成为地方公共决策中的重要考虑因素。故从其制度化角度进行分析，转移支付有着极其深刻的中央与地方、上级政府与下级政府之间权力分配关系的烙印。英国地方政府问题专家 N. P. 赫普沃斯（Hepworth）曾指出：“中央政府从国家征收的税收中拿出越多的资金给地方，地方政府被允许的自主权就会变得越小。反过来，地方政府从其自有资源中筹集资金的能力越强，中央政府控制地方政府的能

❶ ［日］三浦隆：《实践宪法》，李力等译，中国人民公安大学出版社 2002 年版，第 277 页。

❷ 法治斌、董保城：《宪法新论》，元照出版有限公司 2005 年版，第 427 页。

❸ 王振民：《中央与特别行政区关系》，清华大学出版社 2002 年版，第 134 页。

❹ ［日］吉村源太郎：《地方自治》，朱德权译，中国政法大学出版社 2004 年版，第 9 页。

力就越弱。”❶ 例如，2010年5月，国务院为调控全国的房地产价格颁布“国十条”，“据中国指数研究院的数据显示，5月31日至6月6日期间，全国35个重点城市中，有21个城市的成交面积环比下跌，其中贵阳跌幅最大，达57.8%，广州、武汉、北京及成都的跌幅也都超过20%”❷。显然，受中央转移支付的大户贵州省受到的影响要远大于为转移支付作出贡献的地方。

另一方面，“个体不是无条件地‘属于’共同体”❸，即使是倾向于联邦适度集权的联邦主义者也不得不承认“全国政府的作用很少直接被公民群众所注意……比较一般性的利益，是不易为人民深切地感觉到，同样，也不易引起一种习惯的义务感和积极的依附感”❹。因此，为了使人民对中央政府产生信任感，使中央对地方具有向心的凝聚力，中央和上级政府不得不对地方政府躬身相迎，借助转移支付，塑造以合作和共治为主线的新型中央与地方关系。

所谓合作，转移支付的最终目的是促进普遍公共福祉的提高，尽管中央与地方的垂直关系和地方之间的水平关系会产生一定的利益冲突，但冲突并非不可调和，宪政文明所具有的宽容与妥协精神可以整合各种利益要求，因此转移支付不再仅仅是中央对地方、上级对下级实施监控的手段或恩赐，而应“鉴于中央与地方为同舟一命之生命共同体，中央辅助地方建设，地方协助中央发展……‘共生共荣，协力发展’”❺。

所谓共治，地方事务包括两种，一是需要承担的法律规定或中

---

❶ ［以］柴姆·卡希姆：《民主制中的以色列地方权力》，余斌等译，北京大学出版社2005年版，第16页。

❷ “摸底‘国十条’调控效果：住建部全国调研房价”，载新浪网 http://news.sina.com.cn/c/2010-06-09/005620437435.shtml。

❸ ［德］席林：《天主教经济伦理学》，顾仁明译，中国人民大学出版社2003年版，第327页。

❹ ［美］汉密尔顿等：《联邦党人文集》，程逢如等译，商务印书馆1980年版，第80页。

❺ 纪俊臣：《地方政府与地方制度法》，时英出版社2004年版，第95页。

央和上级地方委托的事务，二是地方应对和处理其固有的事务。前者需要成本的分担，后者必然需要一定的征税权和其他资源的所有权和支配权。因此地方治理不可能离开上级地方和中央的协作和指导，也意味着中央和地方之间不可能不分享某些权力，从而形成地方与上级地方和中央的共治关系，正如不存在纯粹的单一制、联邦制、邦联制国家一样，自治和共治的程度或有不同，但转移支付作为在宪制架构内的财政分配制度，既然如果“没配置征税权或其他资源控制权，多级国家中不同实体之间的任何权力分配都毫无意义”❶，那么，已经配置了不同权力的地方和中央借助转移支付形成共治的局面是有可能的，而且共治将加深中央与各级地方之间的合作关系。

综上，行政资助与转移支付，二者之相同点在于史存悠久、作用助成、共属财政支出，其中助成之作用分绝对性和相对性，行政机关在财政支出过程中的自由裁量空间也有大小之辨；但更重要的是：由于行为性质不同所引起的立法和司法制约不同；主体范围不同；转移支付所特有的监控、合作与共治作用。虽然本文之辨析为法律规制提供判别的标准，但正如孙中山先生的教诲：“主座之权，乃指导会众，而使之能自治，而不在治之也。”❷ 本书期望转移支付制度发展应以促进地方与中央关系由监控到合作与共治为主线，并基于这样一种认识：一国、一地之活力，在于个体和地方的自治，在于各种权力之间、权力与权利之间的协力，更在于自下而上的共治所达成的利益融合及其产生的期待。

2.5 行政资助的权利基础

20 世纪全球性的社会国家潮流中，福利促进经济繁荣并使社会

❶ ［瑞士］J. 布莱泽：《地方分权　比较的视角》，肖艳辉等译，中国方正出版社 2009 年版，第 52 页。

❷ 孙文：《建国方略》，中州古籍出版社 1998 年版，第 349 页。

保障和公共供给水平成为人民衡量国家权力合法性的标准之一。各种福利目标的实现，使给付行政的范围渐扩至充分就业和产业结构调整，行政资助的频繁使用丰富了给付行政的内容，其行之有效是行政权指导、协调和平衡社会利益的内在要求，也被社会和经济生活日趋依赖。虽然中国的行政法学界仅仅将行政给付作狭义理解——视为行政物质帮助❶，但一者，行政实践中行政资助行为广泛存在，如深圳市比亚迪汽车有限公司的“纯电动汽车及其快速充电系统研究开发”项目既被列入国家“863”计划，也是深圳市科技计划的资助项目❷；二者，由于行政机构通过各种利益的供给方式对市场、社会造成政治干预，从而为市场主体或社会单元形成一定的利益和机会，因此，助成性（促进性）的行政资助当属给付行政❸。“现代国家的本质，靠行政来决定者多于靠宪法来决定。故‘行政法是一个活生生的宪法’。”❹ 一旦“行政受到宪法的强烈约束”，必然要求给付行政遵守受基本权拘束的原则。比较行政资助与其他给付行政行为（供给行政和社会保障行政），前者与后两者之间并非笼统地受制于基本权利，而是在类别方面具有显著的差异性，进而引发权利义务关系的迥然不同。

2.5.1 受社会权拘束的社会保障行政和供给行政

社会权属第二代人权，其中社会保障权（狭义的社会权），即“为了特别保护社会性、经济性的弱者，实现实质的平等，而受到保

❶ 姜明安主编：《行政法与行政诉讼法》（第3版），北京大学出版社、高等教育出版社2007年版，第273页。

❷ 深圳市科技工贸和信息化委员会、深圳市财政委员会：“2009年第10批科技资助计划项目公示”，http://www.szbti.gov.cn/bulletin_temp/b20091204002.html。

❸ ［日］南博方：《行政法》（第6版），杨建顺译，中国人民大学出版社2009年版，第32~33页。

❹ 陈新民：《公法学札记》，中国政法大学出版社2001年版，第19页。

障的人权”❶。具有自然权利属性，包括取得社会救助、福利和保险的权利，拘束社会保障行政和供给行政，使国家作为义务主体并基于社会国家的基本原理实施给付行政行为，形成正义的“对共同体的所有成员都保证过上正常人的生活”❷ 的社会秩序，行政资助则游离于社会权的射程范围之外。

2.5.1.1　社会保障行政

旨在解决国民生存权满足问题的社会保障行政在目的、形态和受到的制约等三个方面自有特点。

第一，旨在解决生存问题的社会保障行政。生存权是社会权中的原则性的组成部分，也是社会保障权的意旨所在。1793 年法国雅各宾宪法第 21 条规定“每个社会都有给予其人民工作之义务以及当人民陷于不能工作时，社会也有给予人民生活之资之义务”，体现出“公共救济是神圣的债务”的理念。大革命时期弥漫的激情虽被视作罗伯斯庇尔等人为了“道德、人道、人民福利，世上一切神圣的东西都被他们用作进行屠杀的理由，用来保护自己的独裁统治”❸。但有关公民获得救济、达到合理生活水准的社会权规定的雏形和追求实质平等的精神被后世继承，如北美十三州的“州宪”以及作成熟规定之德国魏玛宪法。该法第 151 条规定国家经济制度应保障每个人皆能获得合乎人类尊严的生活，明确了社会保障行政的目的在于以失业救济、医疗保障的方式解决最基本的生存权问题。之后，如 1948 年《世界人权宣言》对“免于匮乏的自由”（富兰克林·罗斯福总统 20 世纪 40 年代提出的“四大自由”之一）的认同，其第 25 条规定，每个人作为“社会的一员”都享有社会保障权；1952 年国际劳工组织制定的《社会保障（最低标准）公约》（第 102 号公约）

---

❶［日］芦部信喜：《宪法》（第 3 版），林来梵等译，北京大学出版社 2006 年版，第 273 页。

❷［韩］金东熙：《行政法 2》（第 9 版），赵峰译，中国人民大学出版社 2008 年版，第 185 页。

❸［法］米涅：《法国革命史》，北京编译社译，商务印书馆 1977 年版，第 230 页。

中有医疗、疾病救济金、失业救济金、老年救济金、工伤救济金、家庭救济金、生育救济金、残疾救济金、遗属等九个具体分支方面的规定；《经济、社会和文化权利国际公约》第9条中也规定了上述九种社会保障。日本1946年《宪法》第25条规定，“所有国民，均享有营构在健康和文化意义上最低限度生活的权利”。中国1982年《宪法》第45条是社会保障方面的权利规定。

第二，积极作为的社会保障行政。社会保障行政，指行政主体依照宪法和法律，为保障公民作为人的最低并合理限度的生活水准，保持其基本健康和尊严，维护社会文明而进行的给付行为。一者，社会保障权促使国家意识到，它的存在在于解决人的自身局限性问题。自给自足的个人固然可以凭借自立的精神和不懈的努力达成自由生活，但面对诸多个人无法把握和应对的情况时，有时难以维持个人生存和人之所以为人的尊严。国家必须基于个人的生存考虑而行辅助性作为，起到替代个人自我负责的作用。二者，行政权作为国家公权力中即使在戴雪“我们对行政法一无所知，而且我们希望一无所知”的时代也较之立法和司法与人民更为贴近的权力，“被引导向有计划地处置其所拥有的物质资源，目的是达成这些资源的更大效用”[1]。即生存权要求行政权积极地进行社会保障行政（狭义之供给行政），并建立相应的社会福利和保险制度，提供金钱、实物和服务。前者包括为生活贫困的公民提供的经济方面的社会扶助（如针对个人的教育补贴、住房补贴和丧葬服务等）和为特殊的人群（如儿童、残疾人和妇女等）提供的人力、设施、经济等方面的专门性的援助；后者，如失业保险、医疗保险、健康保险、养老保险、劳动保险等。德国公法学家 Hans J. Wolff 指出“国家不可推卸照顾百姓之职责”，社会保障权是一项积极的基本权利，“当它们被形成、被尊重、被保护时它们并不会由此便可以成为现实，因为它们所包含的社会性内容，需要国家作为方能得以实现，这样就不仅要求立

[1] ［德］奥托·迈耶：《德国行政法》，刘飞译，商务印书馆2004年版，第41页。

法者，而且还要求行政机关有规律地、积极性地作为”[1]。

第三，受到司法监督的社会保障行政。虽然公民享有对社会保障行政宪法意义上的要求权和成果的接受权限于特定情况：“公民只有在穷尽了独立建构自己生活的途径之后仍不足以维持健康和文化意义上最低限度的生活状况之下，才可针对国家而享有现实的生存权”[2]；且给付行政具有强烈的国家政策属性，并受到社会经济发展状况的制约，但社会保障权终究是宪法对行政机关的义务的宣示，当法律意义上社会救助、保险和福利等方面的请求权受到行政权力的不作为或者其他阻碍、破坏等使之无法实现时，为了体现生命对国家的价值和社会对实质平等的追求，安抚公民向政府伸出要求援助的权利之手，需要司法介入以监督社会保障行政来实现权利救济。即社会保障权是可诉的权利，与之相对应的是可以要求强制给付的国家义务。欧洲已在 1979 年 Airey 案中依据《欧洲人权公约》第 6 条的公平审判权对公民权和政治权利进行了社会性质的延伸解释，在 1996 年的 Gaygysuz 案中依据非歧视性待遇条款对社会权作出更实质性的确认。在美国，前述“免于匮乏的自由”虽作为政治宣言被公众接受，但是美国法院主要依据宪法第十四条修正案中的“平等保护”条款对社会权利进行司法救济，以法院裁决的形式促使政府采取颁布行政命令等措施保证穷人的基本生存需要。我国司法实践中的案例如“陈某诉古蔺县玉田乡人民政府不发放优抚金和立功奖金案”。

2.5.1.2 供给行政

供给行政指“提供国民日常生活所不可或缺之工业或技术性服务之行政。诸如道路、铁路、其他交通电信邮政、饮水、电器、瓦斯、学校、大学、职业训练所、医院、文化机构、养老院等”[3]。虽

---

[1] ［德］康拉德·黑塞：《联邦德国宪法纲要》，李辉译，商务印书馆 2007 年版，第 162 页。

[2] 韩大元、林来梵、郑贤君：《宪法学专题研究》，中国人民大学出版社 2004 年版，第 382 页。

[3] 彭明金编著：《行政法》，风云论坛有限公司 2004 年版，第 12 页。

然也受社会保障权的拘束，通过向公民提供物质、经济和服务方面的帮助以弥补自由市场竞争中容易忽略社会利益和个人福祉的缺陷，“保障社会之安全，追求社会正义及维持国民合乎人类尊严之生活”❶，但它异于社会保障行政。

第一，主体和相对人不同。供给行政包括公共用物、公共设施（营造物）和公企业❷，一般以被授权组织或受委托组织为主提供以日常生活考虑为目的的公共服务，除突发事件等特殊情况外行政机关不直接充当供给行政的主体；社会保障行政主体则以行政机关为主，被授权或受委托组织为次。供给行政的相对人是因使用需求而产生利害关系的不特定的公民、法人或其他组织，有时无须申请也可获得公共服务，如进入公共图书馆阅览；社会保障行政的相对人是“最”狭义意义上的直接相对人中的个人，必须向主体提出申请方可获得援助，如失业救济。

第二，作用力不同。包括三个方面。一者，作用对象的不同。供给行政可能直接作用于事业、间接作用于不特定相对人，借助事业对不特定相对人产生直接的影响，如自来水供应价格波动对服务行业的影响最终将被社会公众反应；也可能直接作用于特定相对人，如自来水供应价格波动影响居民的日常生活。社会保障行政则直接作用于特定的相对人。二者，作用的效果不同。供给行政与社会保障行政的目的都在于“维持及改善人民的生存”❸，但前者倾向于帮助和改善，预防贫困或者使贫困者能够凭借自身努力摆脱贫困，通过社会公共设施或者环境的提升为相对人带来外部影响，如公立学校提供的教育，为贫者创造致富条件和将来不再享受社会保障的可能性。后者的重心在于通过对相对人内向性的生存条件的维持，如救济，防止贫困或者消灭贫困，一旦失去保障，相对人可能依然保

---

❶ 陈新民：《德国公法学基础理论》（下册），山东人民出版社 2003 年版，第 690 页。

❷ ［日］南博方：《行政法》（第 6 版），杨建顺译，中国人民大学出版社 2009 年版，第 32 页。

❸ 黄异：《行政法总论》（第 5 版），三民书局 2006 年版，第 7 页。

持贫穷的生活状态，生存危机依然存在。三者，作用的地位不同。相对于社会保障行政实现的生存权是社会权的核心内容，供给行政居于辅助性地位。表现在后者为前者提供了追求实质平等的行为条件，如公立医院接受社会保险；当然，供给行政还可实现其他社会权，如公立学校对公民受教育权的满足，即国家通过积极地提供各种条件，辅助个人提升谋生能力，以实现生存权保障。

第三，受到的监督不同。社会保障行政解决人“活着”的问题，社会保障被视为个人财产权利的一部分而非国家的恩惠，因此生存权使个人享有对社会保障行政的可诉的请求权。供给行政中，如果是保障性的受益权，如义务教育的受保障权，则可通过行政诉讼获得请求权的救济；当供给行政解决如何更好地“活着”的问题时，相对人寻求发展的受益权和程序上的申请权均“不是保护个人以对抗政府或其他当权者的，而是提请公共权力机构注意要让诸如个人自己拥有的那种自由权通过另一些自由而得以实现”❶。故判断供给行政的优良属于行政裁量的合理性问题，可引起政治责任的追究，个人无法通过诉讼获得救济。包括立法机关对公共供给政策的检讨，公众和社会组织通过舆论监督使行政机关和供给行政主体调整相应的经济和社会政策。法院有可能通过个别歧视性案件介入供给行政，但此类案件就被转化为对平等权的救济。

有时某个给付性的行政行为兼有社会保障行政和供给行政的特征，呈“两阶段”过程，如供给行政事业筹划时服务对象群体特定而相对人不特定，但事业开展时，其实施的社会保障行政的相对人特定。养老院的建立旨在服务老年人群体，但只有申请并被批准的老年人才是社会保障行政的相对人。因此，供给行政中相对人的申请权可以被视为“一项接受权使权利人不仅有权接受而且有权拒绝他有权接受的东西，或者在未能接受时予以默许，这也属于可选择

❶ ［美］卡尔·J. 弗里德里希：《超验正义——宪政的宗教之维》，周勇、王立芝译，生活·读书·新知三联书店 1997 年版，第 115 页。

的权利”[1]。

2.5.1.3　**不受社会权拘束的行政资助**

显然，行政资助与社会保障行政和供给行政大相径庭。它的目标不是救济和帮助，它所关注的客体也不是人民不幸的命运，更不会围绕“针对人民生存条件及改善，以保障及生存照顾为重心”[2]开展行政。但是，现代国家行政为追求福利的扩大而积极介入经济活动是当代行政法最值得研究的现象之一，因此“在经济行政的重点由权力限制转移到非权力诱导时，在作为其手段的经济计划、资金补助或公企业的经营中，法律上或事实上都存在比权力限制更广泛的行政裁量”[3]。

首先，行政资助的客体是相对人的事业性的行为（包括作为或者不作为），例如，从事政府鼓励之事业获行政奖励物，如深圳市政府给予浙商银行100万元的落户奖励[4]；从事项目开发而获得资助，如清华大学深圳研究生院的“电子电器无害化工艺技术及装备”被列入国家科技支撑计划（合同号：2006BAF02A07），并获深圳市政府科技计划项目的资助；其他如2亿元投资莫高窟的文物保护[5]和“国家退耕还林补助”[6]（不作为）。其他给付行政行为的客体如被保护物（公共财物、设施）、救济物和公益物或者人身等。设政府青少年保护和培养资金，如用于支付公共教育机构的成本，则属供给行政的范畴；如以教育券的形式补贴个人即属社会保障行政。尽管给

---

[1] ［美］A.J.M.米尔恩：《人的权利与人的多样性》，夏勇、张志铭译，中国大百科全书出版社1995年版，第115页。

[2] 李震山：《行政法导论》，三民书局2007年版，第6页。

[3] ［日］室井力主编：《日本现代行政法》，吴微译，中国政法大学出版社1995年版，第511页。

[4] “浙商银行落户深圳”，载凤凰网 http：//finance.ifeng.com/roll/20100409/2028854.shtml。

[5] “敦煌莫高窟历史上最大的保护工程开始实施”，http：//www.gansu.travel/pub/xinwen/snzx/2008/07/14/1216004195656.html。

[6] “国家退耕还林补助有哪些规定”，载人民网 http：//env.people.com.cn/GB/1072/3328817.html。

付行政均以供给货币和服务为职能，但行政资助的客体行为的事业性突出，直接影响特定的事业、间接作用特定相对人，即“对事不对人、人有定规”。事业只有结合某种符合产业政策导向或某种行政制定的标准（如国家“863”计划和“973”计划）才可能获得资助；而且申请人自身也应满足“具备发展可能性”（如对申请企业进行的财务审计）或者“事业保护”的条件（如文物保护单位）。此时被资助的人或组织是作为行政相对人，而非宪法上的公民身份。

其次，行政资助的目的在于事业图存兴旺，并非社会权要求之避免出现个人面临“厨有腐肉，国有饥民，厩有肥马，路有委人”❶之窘境，即它不是为特定人或群体的生存和福利考虑，而是为某种事业的生存或者发展而实施的裁量性行政行为，意在事业“拯救”或者“增进”。前者如文物保护；后者，某种事业已经取得了阶段性成果或者具有相当的可行性，即使不予资助它也能够凭借自身力量取得成功，但凭借资助事业之发展将既有助于间接地促进公共利益，如提高行业的技术水平、出口创汇、增加税收等，而且对公共利益的促进程度要远大于事业项目在没有获得资助的情况下对公共利益的贡献。

因此，行政资助表明了行政的政策取向，而非社会权的要求，故相对人通过诉讼获得救济的范围限于相对人的申请被拒绝受理或者答复以及决定是否获批或资助额的公平与否，可依据我国《行政诉讼法》第54条寻求救济。如“禹龙煤业有限责任公司诉韩城经发局案”。但是对绝大部分的资助决定的公平只能从行政裁量的合理性来考察，救济渠道除行政监察、行政复议和舆论监督外，国家经济和社会政策的调整也可影响公平取得资助的可能性。但是“基本法——基本权利、其他宪法规范和有关的宪法原则——约束所有的

❶ 王利器校注：《盐铁论校注（定本/上）》，中华书局1992年版，第171页。

国家权力及其行使，不存在没有法律的空间”❶，那么行政资助应该以何种基本权利作为依据？

2.5.2　回应发展权的行政资助

行政资助所造成的行政权疆域的扩张迎合了社会国家对非诉性的发展权的需求，并对发展权有实现、促进和提升意义。

2.5.2.1　发展权对行政资助的意义

“二战”后，宪政制度在先发展国家和后发展国家的推行轨迹上受到它们在现代化和工业化的步伐方面的差距的影响，反过来又史无前例地加大了两种国家间的贫富分化程度，不但证明了经济发展将使民主成为可能，而且“贫穷也可能是民主发展的主要障碍。民主的前景取决于经济发展的前景。经济发展的障碍也是扩展民主的障碍”❷。因此，集体性的发展权作为第三代人权被各种国际条约、协定和国家立法确认为基本权利。不但彰显了国家对社会公共福祉提升所负有的积极作为的义务，而且使行政资助被完整地置入了基本权利的图景。如1948年《世界人权宣言》第22条规定：“每个人，作为社会的一员，有权享受社会保障，有权享受他的个人尊严和人格的自由发展所必需的经济、社会和文化方面各种权利的实现，这种实现是通过国家努力和国际合作并依照各国的组织和资源情况。”1966年《公民权利和政治权利国际公约》和《经济、社会和文化权利国际公约》的第1条都规定：“所有人民……自由谋求他们的经济、社会和文化的发展。”欧盟宪法第3～103条中规定：“联盟和成员国应将促进就业、改善生活和工作条件作为它们的目标……为实现这一目标，联盟和成员国应……的前提下，采取行动。”日本宪法第25条更是明确规定：“国家必须在生活的一切方面为提高和

---

❶ ［德］哈特穆特·毛雷尔：《行政法学总论》，高家伟译，法律出版社2000年版，第21页。

❷ ［美］亨廷顿：《第三波——20世纪后期民主化浪潮》，刘军宁译，上海三联书店1998年版，第375页。

增进社会福利、社会保障以及公共卫生而努力。”我国宪法（1982）在1999年修宪中载明“发展社会主义市场经济”、2004年修宪中载明“推动物质文明、政治文明和精神文明协调发展”、“国家建立健全同经济发展水平相适应的社会保障制度”等，其规定蕴含“发展权”的意义。1991年发表的中国政府《人权白皮书》也主张国家通过提高经济水准和改善经济、社会制度促进经济、社会权利的实现。

2.5.2.2 行政资助与发展权的契合

行政资助有助于实现发展权，发展权也满足了行政资助的法治要求，二者互为表里、极为契合。

第一，发展权赋予国家权力介入社会和经济活动的合法性。“福利是属于每个人的财产，也是每个人都有权管的事情。为了整体利益交给国家管理是一种信任或委托。”[1] 行政权得到充分的对市场进行干预的自由裁量权，包括制定广泛的政策性立法。如被认为是体现美国环境政策、由国会制定的有环境宪法之称的《国家环境政策法》（National Environmental Protection Act）中规定，联邦环境保护署（U. S. Environmental Protection Agency，EPA）为负责统筹执行各项公害防治法令之联邦行政机关，得采取各种行政行为“更能有效地提升环境品质，使得全国人民永享健康之环境”[2]。我国台湾地区2001年修订“宪法”条文时在基本策略中增加了如下内容：“中小企业为台湾经济繁荣奠下良好基础，对于人民兴办之中小型经济事业，应扶助并保护其生存发展。”中国《宪法》（1982）第89条、第107条，《立法法》第9条，《地方各级人民代表大会和地方各级人民政府组织法》第59条等，都使各级政府拥有为促进发展而便宜行事的权力。因此，能够灵活地根据经济或者社会变迁预测、促进和规制发展权的实现过程的行政规范性文件成为政策

---

[1] ［美］拉里·埃利奥特、丹·阿特金森：《不安全的时代》，曹大鹏译，商务印书馆2001年版，第400页。

[2] 史庆璞：《美国宪法与政府权力》，三民书局2002年版，第148页。

表达的最主要方式，尽管它不具备法律和行政立法的稳定性。如每年的“863”计划申报指南都会在资助产品或产业方面进行微调。

第二，行政资助作用的间接性迎合了发展权“完全为集体所决定”[1] 的性质。发展权包含着个人的内容，但人人有权享受社会进步所带来的成果的权利不是单纯使某个人、某群人独享发展利润的权利，更不意味着个人利益的丰富能够脱离于社会整体公共福祉的提高，因此发展权不是个人的基本权利，而是一项集体人权或集体性权利（Rights of Solidarity），国家为此付出的努力及其利益分配将着眼于社会群体或民族的共享和进步。一者，行政资助对发展权的促进改善了供以自我发展的社会环境，间接增加了个体成功之可能性；二者，“事实上，宪法上基本权规定所保障的本质，就是要求国家提供自我开展与决定的空间”[2]。并非要求社会发展完全替代个人的自我实现和自我负责，正是“行政部之职掌，在完成国家之目的，不仅制限个人之自由，且增广人间快乐之境域、扩充人间处世之机会。又不仅矫正人间同类之关系，且对于天然之竞争，与以助力”[3]。行政资助的补充性（或援助性）原则使发展成果有时需要以社会保障行政和供给行政作为媒介惠及个体。

2.5.2.3　行政资助与发展权的非诉性

虽然“发展权的概念对于以人权为基础的发展方式起到了很好的作用，这就使得发展权被当作一项真正的人权来看待，并将权利赋予个人、群体和人民，使国家承担相应的义务”[4]。但是，一者，

---

[1] ［美］曼弗雷德·诺瓦克：《民权公约评注》（上），毕小青等译，生活·读书·新知三联书店2003年版，第5页。

[2] 许育典：“从宪法上多元文化规定检讨网咖管制的立法”，载《政大法学论坛》2005年第4期，第84页。

[3] ［美］古德诺：《比较行政法》，白作霖译，中国政法大学出版社2006年版，第267页。

[4] ［美］A. 罗萨斯：“发展权”，见艾德等主编：《经济、社会和文化权利教程》（第2版），中国人权研究会编译，四川人民出版社2004年版，第108页。

政策导向性的行政资助制度只是一种“制度保障”，而非“裁判上保障”❶，它的裁量权旨在“上升的政府能力会增加有益的干预的可能性和影响。较低的政府能力会减少调整和重新分配的功效”❷。二者，发展并不意味着个人权利❸，也没有创设人民的实体权利，反而宣示了宪法和法律赋予了行政资助宽泛的裁量权和责任，要求行政资助主体在制定和实施政策时追求实体内容的合理和程序上遵守决策程序。故发展权没有使人民具备基本权利效力方面的要求权和接受权，不能诉请法院命令行政机关提供行政资助。在德国的司法实践中，行政资助（补贴）作为行政机关作出的单方的行政行为，不被视为《基本法》第14条第1款中规定的财产权利，且由于作为授益行政行为，通过行政资助所增加的相对人或者申请人的财产并非其本人通过市场竞争和自身努力的结果，被期待的可能性当然不属于可诉的范围。但是行政资助的相对人，可以要求行政机关平等对待，并享有行政法意义上的申请权、参与权、知情权、正当程序权等。

2.5.3　受平等权拘束的行政资助

积极的行政资助虽不产生对个人自由的侵害，但作为授益行为，它在促进市场参与、增加经济稳定性的同时，也在对社会财富进行再分配。因此，“除非你考虑到如何分配财富，否则，所增加的财富并没有价值”❹。一者，政府基于信托义务（fiduciary duty），在以行政资助作为干预手段时必须充分考虑其对基本权利产生的影响，如纳税人的财产权利和利益，有效使用由财产权转化而来的资金，达

---

❶ 法治斌、董保城：《宪法新论》，元照出版有限公司2005年版，第483页。

❷［美］查尔斯·蒂利：《民主》，魏洪钟译，上海出版集团2009年版，第182页。

❸［美］路易斯·亨金等：《宪政与权利》，郑戈译，生活·读书·新知三联书店1996年版，第257页。

❹［美］罗纳德·德沃金等：《认真对待人权》，广西师范大学出版社2003年版，第26页。

到效益的最大化；二者，“凡行使对公民权利有影响的行政性权力时，均应当遵守自然公正原则和公正规则”[1]。本节不考虑行政资助的程序性内容，但应研究个案之间实体意义的平等。行政资助中政府兼具规则制定者和裁判员的身份，巨大的自由裁量空间如不能以社会权加以控制，则只有平等权可以施之以拘束。但是，基于标准设定的模糊、资助范围的宽泛等带来的不确定性，资助决定的公正性难以把握。正如哈耶克曾悲观地指出：“这种再分配在表面上所依据的乃是某些人认为的社会正义原则（现实中并不存在这种社会正义原则），然而在实质上却是由特定的决策所决定的。”[2] 如何在个案中体现公正，就涉及对平等的理解。

第一，必然的不平等不侵害自由。在经济领域“法治国并不能保障每个个案的正义，而只能为此作出努力”[3]。行政资助过程中部分个体实力的加强会影响自由竞争的充分程度，可能出现经济自由的最大的敌人——垄断，且“垄断如果不是一般地那也是经常地起源于政府的支持和个人之间的相互勾结”[4]。如行政资助主体能够避免扶持垄断就不侵害自由：帮助弱者在某项事业上获得与强者平等竞争的条件（实质平等或条件均等）或者强弱间获取资助的机会平等、获益差异合理（机会均等）。前者之反向歧视应当鼓励；后者，不平等既不可避免，则应使对公平的追求转化为阻止裁量的恣意。

第二，机会平等应合乎比例。发展权要求共同体给予个体平等发展的机会，如《行政许可法》第 5 条第 3 款（取得许可的平等权利）之规定，但是资助对象本身在既有能力、事业的盈利能力、可

---

[1] ［英］彼得·莱兰、戈登·安东尼：《英国行政法教科书》（第 5 版），杨伟东译，北京大学出版社 2007 年版，第 396 页。

[2] ［英］哈耶克：《自由秩序原理》（下），邓正来译，生活·读书·新知三联书店 1997 年版，第 67 页。

[3] ［德］罗尔夫·施托贝尔：《经济宪法与经济行政法》，谢立斌译，商务印书馆 2008 年版，第 302 页。

[4] ［美］米尔顿·弗里德曼：《资本主义与自由》，张瑞玉译，商务印书馆 2007 年版，第 33 页。

期待的利益等方面的差异性决定了平等必须被视为一种必要的调整。

一者，合理的判定基准应符合比例原则。一方面，受资助事业符合公共利益的需要。“一个完全不受干预的自由市场从未存在过，也不可能存在。”❶ 资助事业项目应是行政机关的理性选择，且资助对事业发展是必需的；资助后有很大可能取得的公共利益，如有助于实现扩大就业和再就业战略等，将促进相关基本权利的实现。其可能性或程度要远大于事业者自身对公共利益的促进，基本范式为“事业的维持、改善或提升符合公共利益推动要求，且必须得到理性的行政资助”。另一方面，“即使是必要的，目的和手段也必须是成比例的。也就是说禁止过度原则”❷。资助方式和程度选择应与事业者自身的能力和事业目标的可预期效益相适配，即资助不能超出补充性的范围，即恪守助力之功用，仅用以纠正市场缺陷和支援暂时的能力缺憾。如果超出事业所需过度资助，既有可能损害自由市场经济下自我努力、自我责任的潜在价值，同时造成国家财政支出的额外负担和风险，降低国家对其他基本权利的保障能力，更可能刺激政府权力和规模的扩张，损害个人自由和经济自由，而“（相对）小政府”的理念是宪政国家不可须臾放弃的根本。

二者，机会平等要求在资助决定的过程中必须反歧视。资助政策的倾向性和资助决定之间的个案性差别必须具有“合理依据”（rational basis），“公正‘分配’的不是一个阶层所主张的某种具体利益，而是不偏不倚地注意和考虑对不同利益的竞争主张”❸。事业者的能力、收益预计等因素，以及不同种类事业之间对公共利益促进的可能性，都会使不同资助“授益”之间因优待而产生偏差，其合理性要求决定着既要排除所有制间的身份差异，又要“禁止过

❶ ［英］卡尔·波普尔：《二十世纪的教训——卡尔·波普尔访谈演讲录》，王凌霄译，广西师范大学出版社2004年版，第39页。

❷ ［日］盐也宏：《行政法》，杨建顺译，法律出版社1994年版，第59页。

❸ ［英］哈特：《法律的概念》，张文显等译，中国大百科全书出版社1996年版，第265页。

度”，正如德国基本法第3条第3款明确禁止的有意的歧视和优待，不能将不应考虑的因素掺杂在行政资助的决定过程中，从而导致对资助相对人过于不利或有利的经济或者社会后果。

三者，以立法权控制和维护平等。外部控制机制中，公众和社会组织的一般监督或失理性，行政资助的专业性和技术性使法院几乎无从考察行政裁量中的平等性，唯有遵从行政法治的主旨，将法律优先和法律保留原则运用到行政资助中，以立法权的控制力防止滥用权力和恣意妄为，约束裁量权不超出其应然范围。由于“通过国家进行的再分配的规模与范围不仅取决于货物与服务的性质和数量，而且在很大程度上取决于为他们提供资金的税收制度”。[1] 因此，立法机关对行政资助的控制要点在于财政预决算和资助事业的宏观方向的合法性。

一者，行政资助预算和事业方向必须以法律形式固定；二者，行政主体必须将预算执行、调整和其他财务专控的审计报告完整和详细地提交立法机关；三者，关键在于立法机关对资助的事业方向应有宏观性的把握。行政资助关注回报的差异。经济领域中可以适度容忍“这种服务的实际开支不得不由一般的税收来支付，毫无疑问这种服务会有一种间接的回报，即共同体越繁荣，同样的赋税可以使国家获得更多的收入”[2]。但是行政本身的判断力有限，政治责任的强调有时会促使行政的选择脱离公共利益的实际需要而急功近利，重视短期的“形象工程”、“政绩工程”，忽视不同产业之间在未来发展的可能性方面的差异，造成行政过于依赖经济发展绩效证明其执政的合法性，从而造成产业结构的失衡或者高度的投资风险以及泡沫经济下公共财政的最终破产。如2009年国务院4万亿元“热钱”催化了房地产行业的繁荣，却未对实体经济带来

---

[1] ［瑞士］T. 斯托福：《市场经济的宪法》，郑鹏程等译，中国方正出版社2009年版，第69页。

[2] ［英］伦纳德·霍布豪斯：《社会正义要素》，孔兆政译，吉林人民出版社2006年版，第129页。

预期的拉动作用；尤其在社会权的其他方面，如遗址保护、污染治理等，由于这些事业不能带来所谓的直接经济效益，政府有时会不以为然，更有可能为了短期的效益纵容破坏性的旅游开发和环境污染。

因此，政策的方向应该以法律形式加以规定，便于立法机关进行监督，从而推动良好的行政资助的建立，使资助的成果体现“财富和收入的分配无法做到平等，但它必须合乎每个人的利益”❶。

综上，围绕服从宪法并受到基本权利拘束的主线对行政资助加以分析。行政资助虽属给付行政，但与社会保障行政和供给行政不同的是，社会保障行政以生存权为目的，司法可以通过有效的基本权利救济对其进行监督；供给行政虽然也受到社会保障权的拘束，但它始终是在为前者提供辅助性的便利条件，司法救济相对消极。行政资助则不受社会权的拘束，其价值在于回应现代人权中新生的集体性的基本权利——发展权。发展权固然不尽能得到裁判性的保障，但行政资助应该受到平等权这一基本权利的拘束。

2.6 行政资助法治化路径的初步设想

相较于侵益性的高权行政行为，行政资助行为因其满足了“公共福利是政府和国王存在的首要目的”❷ 的要求，而往往被忽略资助政策制定和资助决定过程中远超出于前者的法律不能明显给予控制力的情况；换言之，行政资助对公共利益的促进不能使其免于被法治施予一定的要求，因为“要实现立宪主义，权力持有者和权力对象双方都有必要从那种专制主义统治技术的传统习惯中

❶ ［美］约翰·罗尔斯：《正义论》，何怀宏等译，中国社会科学出版社 1988 年版，第 61 页。

❷ ［爱尔兰］约翰·莫里斯·凯利：《西方法律思想简史》，王笑红译，法律出版社 2010 年版，第 83 页。

觉醒过来"[1]，行政资助中的裁量空间更会使资助主体陷于专断和恣意。质言之，法治不仅使资助主体遵守自己制定的规则，更重要的是，它表面上不太受到控制的裁量应该受到体现并促成正义价值以及实现有限政府精神的行政法基本原则的羁束。

2.6.1 路径总括：基本原则之遵循

奥拓·迈耶曾指出："行政自有其理性的规律。"[2] 这些规律的理性就体现为具体的行政法原则：合法性原则、比例原则、正当程序原则和信赖利益保护原则。一方面，行政资助中资助主体的专业和技术性判断会形成对上位法律的解释，但是法律，尤其是财政拨款和授权的法律只能规定大致的事业方向，具体的资助范畴和项目以及决定只能通过行政解释加以确定和完成，即资助政策制定和实施过程中会加大资助法律的制定者的理解意义与行政机关的使用意义之间的模糊性；另一方面，资助主体在权力行使中产生的自利性往往会使政策和决定脱离具体的语境——案件，从而背离公共利益的需要和申请人的意愿，"唤醒了'怎么解释都行'这个恐怖的幽灵"[3]。因此，研究者必须认识到"规则通常是由原则证成的"[4]，合法性原则使行政资助中的裁量权行使起码不违反法律的原初目的和精神，比例原则使行政资助的理性得以充分保证，正当程序原则使当事人的意愿得到充分的尊重并以权利督促资助的合法和科学，而信赖利益保护原则在维护行政机关基本之诚信的价值的作用，并使资助决定的选择面的广泛性得以保障之外，其作用却十分有限。

---

[1] 林来梵：《从宪法规范到规范宪法——规范宪法学的一种前言》，法律出版社2001年版，第265页。

[2] ［德］奥托·迈耶：《德国行政法》，刘飞译，商务印书馆2004年版，第104页。

[3] ［英］恩迪科特：《法律中的模糊性》，程朝阳译，北京大学出版社2010年版，第232页。

[4] ［美］迈克尔·D. 贝勒斯：《程序正义——向个人的分配》，邓海平译，高等教育出版社2005年版，第13页。

2.6.2 信赖利益保护原则作用之局限

信赖利益保护原则之于行政资助固然起到维护由资助政策和决定所建立的法秩序的安定性的作用，并对资助主体的诚实信用程度提出了更高的要求，使得私人利益的发展得到持续的保障和促进，以为公共利益的提升增加潜力。泛言之，一方面，有关资助的政策应该保持稳定，另一方面，资助决定的实施也应该恪守该原则。但是，资助决定所授予之利益并非申请人应该享有的利益，也不是其一般理解意义上的利益（主观利益），而是经由行政机关对申请所外露的主观利益诉求的审查和评价，最终通过决定而成立的客观利益。因此，“对于负有履行管制任务的行政法而言，认知特定行政领域中有哪些实际利益、其利益结构及典型的运作规则，都是必要的前提条件”。[1] 以下以“禹龙煤业诉韩城经发局案”为例说明这一点。

首先，申请人信赖的不是取得资助的必然性。一者，资助授予的利益不属于申请人的财产权，申请人并无类似社会保障行政中的请求权，而仅仅拥有申请权；二者，申请人希望取得的利益也并非其权利中应包含的利益，而是通过对特定事业项目获得助成的诉求的表达和说明，并经过行政机关对全部利益诉求的整合后才有可能因资助决定的作出而取得；三者，行政机关制定的资助政策满足的是社会利益——“从社会生活的角度考虑，被归结为社会集团的请求的需求、要求和请求”[2]。虽然社会利益包括申请人的个人利益和与其相关的公共利益，但个人利益的授予始终是社会利益提升和延伸的效果，而非社会利益满足的结果。即，原告禹龙公司可以根据《渭南市环境整改工作方案》、《韩城市环境整改工作方案》等向被

---

[1] ［德］施密特·阿斯曼：《程序理念下的行政法体系建构》，林明锵等译，北京大学出版社 2012 年版，第 140 页。

[2] ［美］罗斯科·庞德：《法理学》（第 3 卷），廖德宇译，法律出版社 2007 年版，第 19 页。

告韩城市经发局提出资助申请，即上述抽象性行政行为是相对人之信赖基础，这一基础是行政机关在对环境保护、节能减排、产业经营等经过综合考虑后形成的，意味着行政机关作出资助决定前必须对相对人的信赖行为是否符合资助目的进行审查，且《关于下达2007年淘汰落后产能奖励资金补充计划的通知》及所附的《韩城市2007年、2008年淘汰落后产能剩余奖励资金明细表》因具有资助对象的特定性，应该认为被告已经作出了附条件的具体资助决定。

其次，申请人信赖资助主体对公平竞争的保障。基于特许的性质，资助决定的过程因取得资助的相对人的数量有限而显得颇具竞争性，因此申请人基于《行政许可法》第5条第3款（取得许可的平等权利）而信赖资助决定的作出经过了不包含歧视并充分尊重申请人的平等权利的过程，在“禹龙煤业诉韩城经发局案”中，如果不考虑原告就被淘汰锅炉形成的民事交易关系，被告对列入资助清单的禹龙公司的取得（资助）资格的判断无疑是公平的。

最后，相对人信赖资助主体的给付和持续供给。一方面，相对人信赖资助决定的践诺，并由此展开事业项目计划，在“禹龙煤业诉韩城经发局案”中符合政策要求、满足前述具体资助决定所附条件并提出申请[1]的原告应取得资助；另一方面，行政资助决定作出后的利益授予有时并非一次到位，比如现金支援款项、退税、利息或房租的补贴往往由资助主体分期给付，资助期间有可能出现法律环境改变或情势变更的情况，此时基于公共利益的选择，资助主体可

---

[1] 此时的申请不是相对人提出的资助申请，而应被视为相对人向行政机关告知本人的拆除行为已满足原资助决定所附条件，以请求给付。但是本案中存在着对原告之“拆除”行为是否符合资助目的的严格审查的问题。如果原告禹龙公司的拆除行为使得淘汰锅炉不再具有使用上的物理功能和相应的商业价值，则符合资助决定所附条件；如果原告在拆除淘汰锅炉后，仍以其之使用功能和商业价值出售，即本案中原告向海燕公司以1300万元的价格出售淘汰锅炉，且2008年3月至同年5月，海燕公司购买并拥有该锅炉时，该锅炉虽熄火却仍具有使用功能，则与资助政策和决定的目的相悖，丧失取得资助之资格；如果原告以废旧物品出售淘汰锅炉并使之不再具有生产功能，则可取得302万元之资助。

以根据《行政许可法》第 8 条[1]变更资助金额、形式或者撤销资助决定时，相对人往往正处于事业项目的发展期，一旦资金断裂，其过往投入将付之东流，则行政机关之资助变更或撤销有可能严重损害相对人的财产权，因此，为平衡资助主体的行政优先权，应辅之以比例原则，给予相对人一定的资助补偿，以降低并缓和资助之变更和撤销对其事业项目的影响程度。

综上，信赖利益保护之利益并非确定性的利益（取得），而是使资助政策得以稳定，并在具体的资助决定过程中使申请人敢于竞争（信赖平等）、敢于自身投入（事业开展）、敢于坚持项目履行（信赖持续供给），一方面，“政府科技资助稳定性影响对企业 R&D 投入的作用效果，稳定的政府科技资助效果要明显高于政府科技资助不稳定的行业”[2]；另一方面，其意义在于避免行政机关“适用不同的方法和标准允许行政人员在案件事实和情况看起来非常相似的情形下作出完全不同的决定。而不幸的是，这个事实使得行政裁量行为变得极度不可靠”[3]。在“禹龙煤业诉韩城经发局案”中，被告根据资助政策和附条件的资助决定，依据《行政许可法》第 8 条之信赖利益保护条款，可以就实际给付资助而请求行政复议或诉讼之救济，但推进行政资助的法治路径中，信赖利益保护之遵循能起到的作用也仅限于此。

2.7 小　结

综上所述，对行政资助应作如下之认识。

---

[1] 《行政许可法》第 8 条规定：“公民、法人或者其他组织依法取得的行政许可受法律保护，行政机关不得擅自改变已经生效的行政许可。行政许可所依据的法律、法规、规章修改或者废止，或者准予行政许可所依据的客观情况发生重大变化的，为了公共利益的需要，行政机关可以依法变更或者撤回已经生效的行政许可。由此给公民、法人或者其他组织造成财产损失的，行政机关应当依法给予补偿。”

[2] 程华等：《政府科技投入与企业 R&D——实证研究与政策选择》，科学出版社 2009 年版，第 219 页。

[3] ［美］肯尼斯 · F. 沃伦：《政治体制中的行政法》，王丛虎等译，中国人民大学出版社 2005 年版，第 395 页。

首先，行政资助作为一种授益和助成性的行政行为，具有行政许可之行为性质。一方面，资助主体的社会化，使国家公权力和社会公权力在多元结构下能够共存，发展民主的同时决策权的转移不但意味着避免了行政机关成为有限和封闭的组织，而且将其改变为“不再将自身之行为局限于创制与适用法律并迫使公民（而非官僚）而为社会所欲之举、否则便加以制裁”❶；另一方面，资助虽然带有公共利益满足的间接性，但它毕竟容忍了公权力适度介入市场，使之运用国家掌握的资源培育流通中的理性和进行有效的法律规制，意味着行政权力市场化时对正义的维护，主观上可以做到“如果创造手段的各种可能性已经给定，那么，也就存在着‘经济上’朝向需求满足的一种相对最佳状态的进步”❷。客观上，行政机关运用行政资助之手段介入市场，对于社会公共利益的提高仅具有间接作用。

其次，行政资助之于转移支付分属行政行为和立法行为，二者虽在史存悠久、作用助成、共属财政支出方面相同，但行政机关在财政支出的过程中的自由裁量空间有异；更重要的是，二者所受规制、主体范围作用不同。虽然本章之辨析为两种公权力行为的法律规制提供判别的标准，其目的仍在于“养成民治之气质”❸，使两种制度的发展成为形成地方与中央合作与共治、个体和地方的自治与协力等关系，融合、平衡各种利益诉求以促进公共利益的整体性提高。

最后，行政资助受基本权利的限制。行政资助虽属给付行政，不受社会权的节制，并为供给行政和社会保障行政提供物质支持，司法救济相对消极但其价值在于回应现代人权中新生的集体性的基本权利——发展权。发展权固然不尽能得到司法裁判性的保障，但行政资助应该受到平等权这一基本权利的拘束。

❶ ［奥地利］凯尔森：《纯粹法理论》，张书友译，中国法制出版社 2009 年版，第 118 页。

❷ ［德］马克斯·韦伯：《社会科学方法论》，李秋零等译，中国人民大学出版社 1999 年版，第 139 页。

❸ 萧公权：《宪政与民主》，清华大学出版社 2006 年版，第 27 页。

综上，虽然行政资助无法逃脱不平等的合理存在，但法治要求我们通过行政法基本原则之遵循来控制资助主体的自由裁量，在各项基本原则勾勒的路径中，信赖利益保护原则之作用在于使对资助政策和决定的“预期是个人生活自治和安排的核心（expectations are central to autonomy and planning of one’s life），因而需要得到法律的妥善保护”❶，但其作用范围在行政资助中有限，而合法性原则、比例原则和正当程序原则，乃至于辅助性并替代性的评估手段，均可对行政资助中的裁量权进行控制，并在司法相对缺位的情况下一方面通过立法权力以财政宪政的方式对行政资助的公平性加以必要的监督，另一方面使个案间的差异性具有合理的理由，达到促进公共利益综合提升的目标。

❶ 余凌云：《行政法上合法预期之保护》，清华大学出版社 2012 年版，第 31 页。

3　法治化路径之一：合法性原则之遵循

早期自由国家的活动范围限于维护公共秩序、防止经济自由被滥用，近代国家只有在“市场失灵”和“社会不能”时施加影响并为公民提供最基本的生活需要，现代民主国家的社会改良主义的治理模式发轫于1919年德国魏玛宪法奠定的“社会国家”（Sozialstaat，sozialer Staat）理念。正如阿马蒂亚·森（Amartya Sen）指出的，“发展可以看作是扩展人们享有的真实自由的一个过程”❶，当社会需要国家为其存在和发展运用公权力进行广泛的干预时，国家也因承担社会、经济和文化等领域内的规划和调节责任而拥有更多的职权和更大的裁量空间，行政权力对社会经济生活的介入更为深刻，其作用显然大于以往各个阶段。它通过行政规划、行政资助等具有高度政策性的行政行为在产业支持、保护、结构调整等方面发挥助成性、促进性和导向性的作用。特别是行政资助，亦可称为补贴，指“国家或其他行政主体，为了实现特定的公共利益目的，给私人发放财产性资助的行为”❷。作为一种非强制性的方式或手段，因其灵活、柔性、温和以及顺应行政民主化浪潮——尊重行政相对人的意思决断而在我国得到大量应用，国务院1986年11月启动并实施的“高技术研究发展计划”（“863”计划），2002年6月《中小企

❶ ［印度］阿玛蒂亚·森：《以自由看待发展》，任赜等译，中国人民大学出版社2002年版，第1页。

❷ ［德］哈特穆特·毛雷尔：《行政法学总论》，高家伟译，法律出版社2000年版，第424页。

业促进法》[1] 颁布实施，2007 年 12 月修订通过《科学技术进步法》[2]，2009 年 9 月国务院出台《关于进一步促进中小企业发展的若干意见》；广东省 2012 年 6 月出台《扶持中小微企业发展的若干政策措施》，等等。另外，为适应社会经济发展，以非强制性为品格的行政资助，既强调行政机关进行专业性和技术性的自我判断，也扩大了行政权的职能范围和多样性，因而作为资助主体的行政机关要求并实际拥有较其他各种羁束性行政行为更多并更为宽泛的自由裁量权。为免行政权放任自流、恣意滥用，与法治国精神相悖，出现胡鞍钢曾痛陈之"公共投资与公共支出性腐败"[3] 现象，使政府出资或援助趋于合理，行政资助也应遵循行政之合法性原则，使资助政策和决定具备正当性。行政合法性原则有实体合法和程序合法两大要求，本章无意讨论后者（见后文章节），而着重于从法律优位原则和法律保留原则讨论行政资助之合法性内涵，使资助之行政规范性文件中权利与义务分配方面的实体内容合乎宪法和法律的要求。

3.1 行政资助中的法律优位原则

法律优位原则，也可称为法律优先原则或者法律优越原则，"系消极之依法行政原则，指所有之行政行为均不得抵触法律，其对全部行政行为均适用"[4]。自民主主义肇始，法律作为"主权者的意志，就是主权者本身"[5] 的理念，"至少是某一特定社会的称为'有

[1] 《中小企业促进法》第 10 条规定："中央财政预算应当设立中小企业科目，安排扶持中小企业发展专项资金。地方人民政府应当根据实际情况为中小企业提供财政支持。"

[2] 《科学技术进步法》第 9 条规定："国家加大财政性资金投入，并制定产业、税收、金融、政府采购等政策，鼓励、引导社会资金投入，推动全社会科学技术研究开发经费持续稳定增长。"

[3] "胡鞍钢纵论四种腐败"，载人民网 http://www.people.com.cn/GB/paper447/2765/394024.html。

[4] 黄俊杰：《行政程序法》，元照出版有限公司 2010 年版，第 7 页。

[5] ［法］孟德斯鸠：《论法的精神》（上），张雁深译，商务印书馆 1959 年版，第 9 页。

效理想'（operative ideals）的一部分"[1]，因此，当行政机关执行国家公权力过程中对法律的适用被认为是"第二次实现宪法"[2]时，行政权的意思表达必须遵循立法机关的意志，并且行政活动既不得违反法律规定，也不能在事实上废止和修改法律，即常例。那么，该原则在行政资助中的含义、作用和调整方式等问题应具体分析之。

3.1.1 行政资助中法律优位原则的含义

作为一个彰显规范效力位阶的原则，即"以法律形式出现的国家意志依法优先于所有以其他形式表达的国家意志；法律只能以法律形式才能废止，而法律却能废止所有与之相冲突的意志表达，使之根本不起作用"[3]。它在行政资助中的含义有二。

第一，法律拘束行政资助。一者，只有立法机关具有形成法律规范的能力，一旦有关资助之法律被创制，则其对行政资助产生绝对和有效的拘束力，为行政机关创设了遵守资助性法律的义务，如《中小企业促进法》赋予行政机关资助政策制定和作出决定的裁量空间的同时，也课予其及时并良好经理行政资助的义务，《行政许可法》则要求行政机关依照特许之标准和程序设定资助和作出决定，而每年度的财政立法（地方）中关于行政资助的内容（如额度、事项范围、项目方向等）规定也为资助主体设定了义务。二者，资助性法律的拘束力使行政机关形成内向性的自我约束，能够主动遵循正当行政程序，避免逾越法律赋予之权限和裁量空间而进行资助，如《行政许可法》的第5、40、46、47条之有关公开和听证的规定。三者，资助性法律具有积极和能动的外部控制作用。一方面，虽然基于行政行为的公定力，资助政策和决定在违反法律的情况下都具有效力，但是法律的目的、原则、精神和规则都使违法之资助规范

[1] ［英］丹尼斯·劳埃德：《法理学》，许章润译，法律出版社2007年版，第39页。
[2] 黄俊杰：《行政法》，三民书局2005年版，第5页。
[3] ［德］奥托·迈耶：《德国行政法》，刘飞译，商务印书馆2004年版，第70页。

或处分最终可以被有权的行政机关或法院宣布为无效或者撤销；另一方面，法律的最终控制力使行政权能够在资助政策制定方面获得立法的委任，同时法律也构成了司法审查的基础，使行政机关即使在行政资助这一被充分尊重行政自治的特殊领域中，仍然服从于立法，体现出现代法治国“行政权受法律和法权的限制”[1]的主旨。

第二，法律的效力高于行政资助之法规、规章和其他行政规范性文件。一方面，经由《中小企业促进法》、有关资助之单行法律或预算法等获得委任立法权的行政机关，可为一定的目的或目标在一定范围内制定资助政策并据此作出资助决定，此时法律对行政资助的明显控制作用在于抽象之规则与具体的处分均不得与法律相抵触，如不得超越权限范围、违背资助事业范围或项目方向以及超越财政授予的额度等；另一方面，宪法与法律中的授权规定宽泛和抽象，如《宪法》第 89 条规定国务院有权“管理经济工作和城乡建设”，行政机关不可避免地习惯于以自我理解和专业认识解释法律，其内容往往超出简单的法律适用。更何况，行政资助有时并没有特定形式的法律或者明确的规则作为授权依据，此时宪法或法律的目的、原则和精神也可作为资助政策或决定的抵触对象。如立法之公益目的、权利优先之原则。即使行政资助没有明确的措施性法律为依据，既有法律的界限也是合法性的衡量标准之一。虽然法律对行政资助的拘束力有时显得间接和隐含，但仍然能够使行政机关形成自我拘束，维系资助方面的法秩序的安定性，不偏离法律之主旨，保持人民对行政资助的持续信赖，避免行政权陷入“一个本可能成为自由人的仆人，却误以为自己是国王”[2] 的窘境。

---

[1] ［印度］M. P. 赛夫：《德国行政法——普通法的分析》，周伟译，山东人民出版社 2006 年版，第 122 页。

[2] ［德］弗里德里希·卡尔·萨维尼：《历史法学派的基本思想（1814 ~ 1840）》，郑永流译，法律出版社 2009 年版，第 19 页。

3.1.2 行政资助中法律优位原则的作用

法律优位原则之内容包括行政应受宪法、法律和一般法律原则的约束，但是如果从行政行为的角度分析，一方面，行政行为虽有权力性和非强制性以及侵益性和授益性之分别，均适用于法律优先原则；另一方面，根据行为之性质，该原则的作用有直接和间接之分别。

首先，直接作用的效果感知明显，对象为高权行政（Hoheitliche Verwaltung）领域，即权力性或者侵益性的行政活动因直接影响个人之自由和权利而备受关注，由于“法律是对权力的一种限制。……法律绝不是权力，它只是把权力的行使加以组织和系统化，并使权力有效地维护和促进文明的一种东西”[1]，如将行政资助视为特许，则其应受法律之严格支配，但鉴于行政资助的特质，法律于其之支配力，虽严格却有弹性。

其次，间接作用之效果感知隐性，对象为非强制性和授益性的行政行为。“在国库行政（Fiskalische Verwaltung）领域中，在行政主体为达成行政目的，而采取私法的手段而为行动之情形，亦即所谓‘行政私法（Verwaltungsprivatrecht）’……均应受宪法保障之基本人权，尤其自由权和平等权规定之拘束。”[2] 行政资助亦不免于此。一方面，它虽然不直接影响相对人的基本权利，但也是现代国家介入社会和调控经济的重要手段，当其服膺于提升公共利益的目的时，资助政策和决定仍然会对一般社会中特定或者不特定多数人的利益产生反射性的影响，如第三者的平等权和参与权等基本权利，故亦应在本原则的作用范围之内；另一方面，行政资助行动有时的确会出现“无法律行政”的现象，当法律保留原则对行政资助行为

---

[1] ［美］罗斯科·庞德：《通过法律的社会控制》，沈宗灵译，商务印书馆1984年版，第24页。

[2] 翁越生编：《行政法》（上册），中国法制出版社2002年版，第173页。

失效的时候，法律优位原则最少能使宪法、相关法律和一般法律原则发生作用，为法律适用和解释赢得作用空间，使得行政资助不偏离公平、正义的价值和立法目的和精神。

综上，尽管行政资助有特许之性质，应受法律的严格限制，但鉴于私法行政之作用间接并隐性，其法律优位原则仍然使行政自由裁量空间巨大的行政资助不能摆脱法律的约束和牵制，即只要在固有权限范围内或有单行法律之授权，并在财政法律规定之范围内，法律优先原则仍然能在行政资助政策和决定方面发挥法治国的最恒久和稳固的屏障作用。

3.1.3 行政资助中法律优位原则的调整方式

法律优位原则对行政资助的调整方式有一般性调整方式、管辖性调整方式和资源控制性调整方式。

调整方式		
一般性调整	管辖性调整	资源控制性调整
	地域管辖、层级管辖和事务管辖 （分一般管辖、个别事务管辖和全面管辖）	

3.1.3.1 一般性调整方式

一般性调整方式，指实定法中的原则性规定，体现了法律优位原则的实定法地位。如我国《宪法》第5条规定，“一切法律、行政法规和地方性法规都不得同宪法相抵触”，“一切违反宪法和法律的行为，必须予以追究”。德国《基本法》第20条规定“立法权应服从宪法秩序；行政权和司法权受法律和法权之限制”；我国台湾地区“宪法”第171条第1项规定“法律与宪法抵触者，无效”，第172条规定“命令与宪法或法律抵触者无效”。宪法的位阶最高，法律的位阶其次，行政之委任立法再次。目前，我国除了《预算法》、《科技进步法》、《促进科技成果转化法》、《中小企业促进法》等架构性立法（framework legislation）外，措施性的资助规范一般以行政规范性文件为主，尤其是其他行政规范性文件（如《深圳市科技计划和科技研发资金2007年申请指南》）成为具体之资助决定的主要依据。因此，有关资助的抽象性行政行为的合法性——合乎宪法、法律和一般法律规则，是法律优位原则关注的重点。

3.1.3.2 管辖性调整方式

管辖性调整方式，分地域管辖、层级管辖和事务管辖。地域管辖指行政机关仅对其管理地域范围内的相对人进行资助；层级管辖指不同层级的行政机关对同一事项进行资助，如深圳市为本地企业列入国家“星火”计划的科技项目提供配套资金；事务管辖指依据资助事项的种类，如IT技术或高新农业等，分一般管辖、个别事务管辖和全面管辖。

第一，一般管辖，授权性的管辖，指行政机关基于单行法律（非组织法）、法规或规章的授权而对概括性范围内的事项进行资助，如根据《促进科技成果转化法》第4条“国务院科学技术行政部门、计划部门、经济综合管理部门和其他有关行政部门依照国务院规定的职责范围，管理、指导和协调科技成果转化工作”，科技部有权建立技术创新基金资助光机电一体化、新材料、新能源与高效节能、资源与环境、高新技术服务业、电子信息等七大高新技术产业。[1]

第二，个别管辖，职权性的管辖，行政机关依宪法或组织法对单一或列举管辖事项进行资助，行政机关依宪法或组织法对某方面事项的资助为固有权能。如《宪法》第89条，《地方组织法》第59条、第61条规定各级行政机关对“经济、教育、科学、文化、卫生、体育事业、环境和资源保护、城乡建设事业”等事项的管辖权，在上述事项内行政机关有权采取行政资助等其认为可行的治理方式

---

[1] “科技部技术创新基金发布　天津119家企业获资助”，载凤凰网http：//finance.ifeng.com/roll/20110318/3700378.shtml。

或手段促进公共利益，且上级机关有权制定较高位阶的资助政策交由下级机关执行，而本级行政机关亦可制定管辖范围内的资助措施，前提是二者发生冲突时下级机关之措施应修改或其执行须获得上级机关的批准。

第三，全面管辖，指行政机关在其管辖地域内，除法律、法规或上级行政机关的规章或命令明确规定排除以外之事业项目，均由该行政机关署理资助事务，该情况主要出现在地方行政资助中。一方面，根据《宪法》第89条的规定，国务院有权领导和管理国防建设事业，故可以通过“973”项目或“863”项目对高校的军工项目进行资助；又如我国《宪法》第42条规定，“国家通过各种途径，创造劳动就业条件，加强劳动保护，改善劳动条件，并在发展生产的基础上，提高劳动报酬和福利待遇”，此规定虽然较为笼统，但一揽子式地表明国家有义务通过各种方式提供公共福祉，而行政资助为各种途径之一，但行政资助对社会福利只有间接性作用；另一方面，有些地方资助法规、规章均规定已在中央部委取得资助的地方不予资助，以免重复而违背比例原则，即全面管辖之排除。

3.1.3.3 资源控制性调整

资源控制性调整，由立法机关控制用于行政资助之公共财政是法律优先原则最有效的调整方式和内在要求。现代法治国家中，立法机关所居之优越地位决定了行政机关的从属地位，即国家之一切重要事项均须由法律预先规范，法律作为民意综合与利益妥协之结果，依托民意机关产生而直接羁束行政，财政更加不例外，且国家宪政体系内，立法对“钱袋子”的控制乃为施政之根本所在，即“财政为庶政之母。……国会一向于财政领域中具有举足轻重之地位。……立法院监督之中心，显然是偏于预算之决策权”。[1] 尤其是极具个体性和殊别性、非直接作用于普遍性公民福利的行政资助，

[1] 法治斌、董保城：《宪法新论》，元照出版有限公司2005年版，第399页。

资助对象的选择和实施极为依赖行政之专业判断，如不加以控制，既会加重人民负担，造成预算膨胀，而且会影响平等权和法秩序的安定，形成官商之间的利益纠葛，使公共财政仅仅造利于特定的利益集团，迫使法律背离一般性和普遍性的要求。因此，行政资助的法治化的根基在于立法机关适度参与公共决策，稀释并克制行政出于政绩要求而加剧的非理性要素。

第一，资助经费之预算必以成法律，行政始得执行。“节赋敛，取与之度也。”（《尉缭子·原官第十》）公共预算必须逐年或按事项以会计细目形式编制预算，并经由立法机关审批已成今日世界之通例，但无论会计技术守则的遵守，还是法律程序的执行，两方面我国皆有欠缺。前者，如“关于2010年中央和地方预算执行情况与2011年中央和地方预算草案的报告”[1]中，预算部分仅有“加快实施国家科技重大专项，安排435亿元”，决算部分也仅有“实施国家科技重大专项，支出302亿元”，缺乏细目表示，如具体的事项、专项、领域等，内容太过笼统，全国人大及其常委会审议通过的预决算案徒具形式，各级人大和政府情况皆是如此；后者，事项性的重大补贴支出在前述预决算案中根本不能得到明示，无论人大是否事先了解详情，有限的信息公开不能代表资助预算已得批准，显示了行政机关的任意而为。如2008年中央财政对中石化补贴123亿元炼油补贴[2]，但在有关预决算中无法找到能予以确切反映的相应的会计科目，反观印度，同样是对石油企业的行业补贴，行政机关须明确报请议会批准。[3]

第二，资助经费之立法平衡行政决定的个案性。行政资助的对

---

[1] “关于2010年中央和地方预算执行情况与2011年中央和地方预算草案的报告”，载财政部网站 http：//www. mof. gov. cn/zhengwuxinxi/caizhengxinwen/201103/t20110317_505087. html。

[2] “针对油企的财政补贴或有利于消除油价上调的预期”，载和讯新闻 http：//news. hexun. com/2008－05－27/106258572. html。

[3] “印公布新财年预算 国有油企得巨额补贴”，载人民网 http：//paper. people. com. cn/zgnyb/html/2011－03/07/content_ 762161. htm？ div＝－1。

象明确，无论对象为个人或者法人，均有可能令公众产生利益输送的联想，如果大、中、小额补贴分别按行业、事业项目等因素以会计细目形式反映并报立法机关审批，则将行政之个案性决定转化为措施性立法。立法机关行事，素有禁止个案性立法的大忌，如全国人大及其常委会不能通过类似为“中石油”提供补贴的专项立法，但可以为保持炼油行业的稳定运转而制定措施性的补贴立法，其中包括对中石油、中石化、中海油的补贴额度，并说明补贴的理由、方案等，即一项“措施法律（Massnahmegesetz），又称为‘权宜法律’，是就应付、解决某种特殊状态或问题为目的，而采行特定之权宜性、因应性的措施立法”[1]。2012 年 7 月，江西省新余市人大常委会召开第七次会议审议通过的《市人民政府关于将江西赛维 LDK 光伏公司向华融国际信托有限责任公司偿还信托贷款的缺口资金纳入同期年度财政预算的议案》[2]，正是基于个案性立法之性质才引起广泛争议。

第三，资助经费之立法便于事后审计监督。立法机关之“事后审计权，藉以监督政府的预算执行成效”[3]。资助立法以及行政机关据以制定的执行性或者补充性的行政规范性文件的合法性虽得以保证，但是资助行为终究要通过成本效益的比对来反映立法、资助政策的正当性和具体决定的裁量合理性。

因此，资助法律体系的位阶关系将为事后审计监督提供素材，从而避免类似香港数码港项目式以“钓鱼”手段持续获取政府补贴的情况发生。在该案例中，数码港项目于 1997 年立项时的政府补贴为 9. 64 亿港元，但截至 2004 年港府最终的补贴实际达到 84. 4 亿港元[4]，加

---

[1] 陈新民：《宪法学释论》（第 5 版），三民书局 2006 年版，第 549 页。

[2] “江西新余政府替民企还债引热议　相关人员称正在研究”，载凤凰网 http：//news. ifeng. com/gundong/detail_ 2012_ 07/19/16147134_ 0. shtml。

[3] 许育典：《宪法》，元照出版有限公司 2006 年版，第 355 页。

[4] 13billion cyberport project announced HKSARG press release，3 MARCH 1999，http：//www. infor. gov. hk/gia/general/199903/03/0303169. htm.

上其他亏损补助，整个项目过程中香港政府支出的补贴达到百亿港元之巨。

3.2 行政资助中的法律保留原则

法律保留原则，被认为是积极的依法行政原则。传统的德国行政法学认为，凡是关乎对人民基本权利进行限制的规范性文件，只能以法律形式加以规定，以维护“人民主权”这一宪法基本原则，并显现立法机关的民主性和权威性，即“立法机关的任务是为宪政国家及其国家形式提供一般的法律框架，将行政机关置于以法律的形式表达出来的人民意志的约束之下。……强化法律在法治国家中的控制作用”❶。但是，当严格法律主义的保守性与行政固有的灵活性、细节性、技术性显得格格不入时，法律保留原则一方面承认了立法权与行政权之间存在权力的互动，另一方面容忍了行政裁量权的空间和弹性度，即在绝对的自由裁量和严格的法律约束之间，行政权的自治范围将根据不同的行政行为模式进行差异性调整。此时，法律保留原则“系指国家机关之组织以及特定领域的行政行为，尤其是干预人民自由权利之行为，其行事所依据之法规范，应保留给较具民主正当性的立法者以法律规定，不得由行政机关以行政命令定之”❷。为此，法律保留原则出现了三类学说，一者就其范围有“全部保留”和“部分保留”之分别，二者就其事项有“绝对保留”和“相对保留”之分别，三者为强调不受法律规制的“行政保留”，那么行政资助究竟适用于何种“保留”，以及法律保留原则对行政资助施予的干预均值得研究。

❶ ［德］汉斯·J. 沃尔夫等：《行政法》（第1卷），高家伟译，商务印书馆2002年版，第343页。

❷ 李震山：《行政法导论》，三民书局2007年版，第56页。

3.2.1 “行政保留”不适用行政资助

结合吴庚先生之排他性的“行政保留”[1]（Verwaltungsvorbehalt）说，一方面，为促进行政机关以善意经理人的态度主动和积极地运用各种技术性措施提升整体的社会利益，故将行政资助视为行政固有的职能，不使其受到立法机关的干预；另一方面，行政机关的具体实施是行政资助贡献社会福祉、保障发展权等基本权利的唯一途径，为平衡立法机关可能实施的过度干涉而应使行政权在资助事务方面保有自主地位。

第一，“行政保留”不能支撑资助的法律活动。回顾近现代社会国家的发展历程，国家干预直接并主要体现在行政权对市场的介入，且其调整力度和层次均愈强、愈深，造成行政权的职能和自治范围扩张，也使法律保留原则趋于“在适用范围上受到很大的限制，只有限制、侵害国民的自由权、财产权的行政作用，才需要法律的根据”[2]。因此，自由主义行政法学所关注的行政自由裁量中似乎有了可以不被形式法律涵盖的部分。只要不构成侵犯个人权利的危险，就应该放手让行政主动地创造各种实现基本权利的机会。虽然行政资助的助成性特点使其目的和效果只在于促进权利保障和发展公共利益，但是一方面，行政资助中的裁量权来自于法律，法律也必须对资助事务中可能出现的行政恣意作出表示；另一方面，行政机关主动和积极地在资助过程中运用裁量权，并不意味着行政可以脱离授权法律规定的目的、原则、程序，“不法法则事毋常，法不法则令不行”（《管子·法法第十六》），“无法令即无行政”的观念可以被折中，但行政机关无法借助资助的授益性而脱离法律对其裁量权的控制，这是现代法治国的基本特点，也是资助政策具备操作性的

---

[1] 吴庚：《行政法之理论与实用》（第8版），中国人民大学出版社2005年版，第92页。

[2] ［韩］金东熙：《行政法1》（第9版），赵峰译，中国人民大学出版社2008年版，第24页。

前提。

第二，“行政保留”不见容于宪政之权力分立体系。1962年美国大法官法兰克福特在贝克诉卡尔案（Baker v. Carr）中发表著名的异议：“本院既不掌握财权又不掌握兵权，它的权力主要依靠公众对它的道德制裁的持久信任。要培育这样的感情，最高法院必须完全超脱政治纠葛，在解决政治问题时绝对不介入各派政治力量的冲突。”❶ 但是，司法部门的自我克制并非表达行政权可以按照自己的意志修改权力分立的固有宪政理念及其所构造的互相制约和平衡的权力体系，只是表明为了“最高法院的宪法性干预保持在政治民主的理论和实践所施加的——尽管并未予以明确的界定——界限之内的必要性”❷。自我谦抑的态度不表明司法审查的权限和对象的自我限缩，否则意味着司法机关护法责任的有限，同时立法机关既不会希望法院逃避责任，更不会放弃自己的民主地位，而承认行政机关可以自己决定并负责的不受法律控制的业务范畴，如果承认“行政保留”的存在，那么行政的恣意将随着不受法律控制的行政权的扩大而愈发显著，不仅法律保留原则被架空，而且法律优先原则在整个行政法学体系中也将失去位置，法治国必荡然无存。

第三，行政资助对基本权利及其保障有作用。行政资助因回应的是集体性的发展权而使行政被赋予了介入社会和经济活动的合法性❸，虽然其间接性特点使其对公共利益的提高仅起到补充性、辅助性或援助性的作用，但同样也会间接地损害基本权利，如平等权和知情权。就平等权而言，行政资助的具体作用兼有“使强者更强”

---

❶ ［美］斯坦利·I. 库特勒编著：《最高法院与宪法——美国宪法史上重要判选读》，朱增汶等译，商务印书馆2006年版，第557页。

❷ ［美］亚历山大·M. 比克尔：《最小危险部门——政治法庭上的最高法院》，姚中秋译，北京大学出版社2007年版，第137页。

❸ 尤乐：“论基本权利视角下的资助行政”，载《广东行政学院学报》2010年第4期，第58～63页。

和使“弱者变强”的作用，前者如2010年1月，雅虎、IBM和惠普获得用于能源项目的美国政府的资助❶，后者如2007年在美国纽约交易所上市的江西省新余市“赛维LDK”在起步阶段就获得当地政府以无息借款为形式的2亿元人民币的资助❷。但是，行政资助不能破坏市场的平等竞争机制，如2003年“有限责任公司中的国有独资公司和国有企业两类登记注册企业，是政府科技活动资助的主要对象，5059家两大类企业获得的政府科技活动资助占全国比重为51.41%”❸。因此，行政资助中的平等应该是“从人道思想出发，承认每个人就作为人的资格而言，可享有某些权利；但是也可以反过来说，每个人都有可能具有和其他任何人同样的权利”❹。就知情权而言，行政资助之所依者为公共财政，主动公开为不证自明之义，故而公众能够积极地“要求”而非“申请”政府公开资助之有关行政行为的相关信息，政府如因诸如国家安全、商业秘密等原因不予公开应“有明确的制定法授权，而且是否该当于禁止事项，尚须符合对国家安全显然有直接、紧迫且不可能回复的重大危害等条件下，始得承认”❺。因此，间接作用于基本权利的行政资助仍然通过对财富的重新分配而涉及平等与自由，不能够以“无法律之行政”视之。

综观“行政保留”说，吴庚先生最终也承认无所谓的一般保留，“欲发展与法律保留性质类似之一般的行政保留（allgemeiner verwaltungsvorbehalt），殆无此可能”❻。深究行政之特别权限、个别事件或

❶ “雅虎、IBM和惠普获得用于能源项目的政府资助”，载华尔街日报网 http://cn.wsj.com/gb/20100107/tec013888.asp?source=article。

❷ “‘豪赌’光伏 访江西省新余市市委书记汪德和”，载新浪网 http://finance.sina.com.cn/roll/20090523/00292857950.shtml。

❸ “我国企业创新与政府资助分析”，载国家发展和改革委员会网 http://www.sdpc.gov.cn/gjscy/cxtx/t20051212_53167.htm。

❹ ［法］皮埃尔·勒鲁：《论平等》，王允道译，商务印书馆1988年版，第26页。

❺ ［日］松井茂记：《媒体法》（第2版），萧淑芬译，元照出版有限公司2004年版，第73页。

❻ Vgl. Degenhart, aaO., S. 2187.; M. Schroder, aaO., S. 820f.，见吴庚：《行政法之理论与实用》，中国人民大学出版社2005年版，第90页。

者核心范围，该说意旨在于强调行政的个案性的自主性地位，以维持政策裁量的自由性，亦未脱离权力分立的窠臼，表达的无非是行政希望与立法和司法保持平等地位的诉求而已。因此，行政资助中具体之政策性行动一般可以不受立法机关的干预，以便于其主动和积极地追求人民幸福，但是资助之固有权限来自于宪法和组织法的规定，具体资助之事项则可能来自个别措施性法律之授权，资助之权非无源之水，故亦无“行政保留”之说。

3.2.2 全部保留适用于行政资助

就法律保留之适用范围，有全部保留和部分保留之分别。

首先，全部保留原则，亦称给付行政保留原则、全面保留或无限制保留（totalvorbehalt oder unbeschrankter gesetzesvorbehalt），指不论行政之类型，如干涉行政或给付行政，抑或公权力行政和私经济行政均应遵循法律保留原则。

其次，就范围论，“基于主权在民，人民得在其所定宪法中明白揭示某些事项应由法律予以规范，行政机关仅能依法执行而不能自为决定。此种法律保留的主张，称之为‘部分保留’”[1]。部分保留仅指权力性的行政行为，或行政的权力性活动，即行政机关或被认为是行政机关的组织或个人适用国家公权力，进行受到公法制约的单方、外部并具有命令性和强制性的行政作用，如行政处罚、行政许可和公用征收、征用等，此类行为对公民之基本权利具有直接的干预性和侵犯性，行政资助既具有特许性质，也可类比行政给付之其他类型行政行为模式，虽与基本权利有一定的距离，不当属部分保留，与全部保留无冲突，亦属后文之相对保留事项。

最后，行政资助作为给付行政的一种，虽然不会限制或剥夺人民的自由或权利，但其资助政策的制定仍间接影响公民之基本权利，故应遵循法律保留原则，属后文之相对保留事项，而在资助政策的

---

[1] 黄异：《行政法总论》（第5版），三民书局2006年版，第78页。

执行过程中，行政机关制定的有关细节性、技术性等次要事项的规范性文件不可能被民主机关事先预测并以法律涵盖，但仍可通过法律优先原则的适用将其羁束在法治国的控制范围内，此处均不赘述。

3.2.3 相对保留适用于行政资助

前述，法律保留原则既不意味，也不可能达到“无法令即无行政”状态，反而对行政的裁量控制需要根据具体事项的性质，选择与其相适应的层级效力的规范性文件。一旦涉及“法律保留的层级”，则其具体事项将分别由法律和委任立法（abgeleitetes verordnungsrecht）保留。由法律保留者，概因属于立法机关之保留范围而称绝对法律保留事项，如《立法法》第9条之规定；由委任立法保留者，指非属绝对保留之事项范围，但该事项影响人民之自由或权利，虽应由法律加以规定，但在符合授权具体明确之原则的情况下，也可以由法律授权行政机关制定抽象规范性文件并对外发生效力，如《立法法》第8、9、10条规定。行政资助不涉及基本权利的限制，且因其间接作用于基本权利而不属于法律之绝对保留事项。因此，不仅资助行为过程中的具体性、专业性等微观事项得由行政机关作必要规范，其具体政策制定也可由具有管辖权之行政机关进行，作为授权资助的宪法及法律的必要补充。

首先，行政资助非属绝对保留之事项范围。必须遵循法律保留原则的事项仅仅是那些侵入人民自由领域、意在以公权力的适度干预排除个人危害或保障社会秩序及维护社会安全的行政行为，此为古典行政法理论中法律保留之核心领域，即权力性的行政行为必须全部为法律所保留，而行政资助行为是国库行政的内容之一，属于为人民提供福利的给付行政，更重要的是它是赋予相对人利益和权利的授益性行政行为，因此，行政机关决定有关资助的具体措施的裁量显然受到较“限制人民权益之行政行为”远为宽松的法律规制。换言之，只有侵益性的干预行政才受到法律保留的绝对制约。

其次，行政资助的相对保留性决定了国家的作为义务。英国著名政治哲学家以赛亚·伯林在其论文《自由的两种概念》中将基本权利作了最基本和简明的两分法："消极自由"（negative liberty）和"积极自由"（positive liberty），前者指公民要求国家不作为的权利，国家相对具有消极义务，如自由权；后者指公民要求国家作出相应行为以满足权利需求，国家相对具有积极义务，如社会权和发展权。那么，现代国家所行之立宪政治，一方面"恐人民受政府之欺凌，故明订个人之权利而加以保障"❶，另一方面，"国家如欲助长个人的发展，并非单单履行这种消极义务所能成功；国家必须积极地履行若干种义务，更须从社会全体方面着想"❷。故而"国家是为人民而存在"的宗旨绝不仅仅限于不侵夺人民生命、自由和财产，社会权和发展权均属人民之"受益权"，应得自于国家之充分作为。因此，行政资助是国家积极履行作为义务的体现，其价值在于合理的资助政策可以促进经济增长和充分就业，为提升社会公共福祉水平创造条件，使人性尊严和自我决定、自我发展、自我行为等宪政理念的实现具有了推动性的物质基础。

最后，相对保留原则平衡了行政资助中克制行政恣意与发挥行政能动的两种需求。行政法追求之有限政府不能阻碍行政权满足最大多数人的最大利益的主动性和有效性。换言之，法律保留只是不断提醒社会要在"对行政进行内外控制与让公共行政机关独立工作之间寻找新的平衡"❸ 而已。只要资助政策出自于良好和民主的决定，不侵入自由领域，不违背正义之价值，资助主体作为推动社会进步者的角色完全可以被接受。"即确定了主流的观点，也就是仅在干预自由和财产时须有法律依据（目前仍然如此），而对给付行政及行政内部关系的'特别权力关系'而言，却

❶ 萧公权：《宪政与民主》，清华大学出版社2006年版，第27页。

❷ 王世杰、钱端升：《比较宪法》，商务印书馆1999年版，第144页。

❸ ［英］彼得·莱兰、戈登·安东尼：《英国行政法教科书》（第5版），杨伟东译，北京大学出版社2007年版，第9页。

并非如此。”[1]

因此，当“自由裁量权对行政法和负担/利益决定来说才是至关重要”[2]时，议会机关发现自身的能力和形式法律的拘束力已不能对行政权进行如想象中的严丝合缝般的控制。事实上多义性的社会也让立法权无法对行政权所有的行为进行事先和普遍性的规制，而福利国家的发展趋势反而促使法律保留原则不得已为自己划定了一定的神圣的坚守范围，而在绝对法律保留的事项范围之外，那些相对保留的事项的确立体现了民主本身对社会需要的行政有效性的回应，保持资助政策的合法性的方式应该具有灵活性和精致的特点，法律的控制只是针对行政资助的运行过程中的某些重要节点，如在行政正当程序方面和财政预算方面；只要能够起到监督行政的作用，立法机关又何必为其所不能。

3.2.4 法律保留原则对行政资助施予的影响

前述，行政资助既不能排除法律保留原则的作用，也不属于绝对保留的事项和部分保留的范围；处于法律保留范围的射程内，又具有保留的相对性，法律保留原则对行政资助的干预具有弹性。一方面，公众需要行政以灵活和适当的政策或措施积极并创造性地提供公共服务和产品，以建立和维持正常的社会秩序，提高公共福利水平；另一方面，如果行政沿袭法律所固有的纲领、滞后和僵硬等特点，则其行政之效果就很难迎合或者满足公众需求。必须承认授益性的行政资助不一定需要明确和严格的行为法方面的授权依据，行政机关在资助行为的过程中既可能面临无法可依的情况，如2004年香港特区政府从其掌握的传染病基金中拨款3000万港元资助香港

---

[1] ［德］G. 平特纳：《德国普通行政法》，朱林译，中国政法大学出版社1999年版，第46页。

[2] ［美］迈克尔·D. 贝勒斯：《程序正义——向个人的分配》，邓海平译，高等教育出版社2005年版，第78页。

大学进行传染病研究[1]，未报立法会批准；也可能无法机械地执行某些资助方面的措施性的立法。如美国2008年国会向汽车业贷款资助150亿美元[2]，二者的具体操作和细节把握均由政府决定和监管使用。在此过程中，处于宪政体系内、被整体控制的行政权，由于恣意而作出的拒绝给付或者不当分配的决定所造成的公民权利或公共利益危害的风险或可能性存在，但与其必须拥有的资助决定的裁量权所可能带来的效益相比，前者又不是不可预期或者不能接受的代价。因此，“法治国的法律保留，存在着区别纯粹的议会职能和可以转让的议会职能的空间，即立法者必须自己处理的‘基本’干预和立法者可以转让给行政机关处理的不太重要的干预”[3]。此“不太重要的干预”即行政保留原则对行政资助方面政策和决定的介入。

第一，选择性干预。行政资助事业的复杂性反映了社会中公共需求的多义性，满足其须依赖行政活力和效率的保持，故资助活动无须也不可能达到为法律全部保留的程度。一者，有关资助决定的作出程序应为行政程序法所保留；二者，行政资助的权限和范围应为法律保留；三者，法律不宜直接规范事项方向和具体的项目、审查标准和经费分配等，只要不触及基本权利，凡执行或者补充性的内容均应通过委任立法加以规制，而细节性、专业性、技术性的内容则允许行政权好自为之，在相应法律意旨的限度内规范之，如国家有关之技术性立法（《专利法》、《城乡规划法》等）和国家标准（《软件工程国家标准》等）；四者，就具体事项的选择皆应视规范对象、内容或法益本身及其所受限制之轻重而给予合理的差别。其

[1] “港府拨款资助香港大学 加强传染病研究”，载大洋网 http：//gat. dayoo. com/gb/content/2004－05/21/content_ 1550777. htm。

[2] “白宫国会一致同意拨款救助美汽车业”，载新浪网 http：//news. sina. com. cn/w/2008－12－07/080414842317s. shtml。

[3] ［德］爱贝哈德·施密特－阿斯曼等：《德国行政法读本》，于安等译，高等教育出版社2006年版，第75页。

标准可根据资助事项的“重要性”（bedeutsamkeit）决定。该标准来源于由德国宪法法院判例（BVerf GE 1978. 8. 8）发展起来的本质性理论（wesentlichkeits theorie），也称重要事项保留说。表面上看“即使基本权利没有受到干涉，议会中的立法者也应该通过正式法律对基本权利相关领域中的重大问题作出规定”[1]，非权力行政也在保留范围内，实际上该学说并未能缩减行政资助中行政权的政策和决定裁量空间，毕竟行政资助的合法性一般不会出现问题，有关资助事务的内容、重要性和资助的责任主体的机构组成以及资助程序方面的选择，更多地依赖于行政官僚机构通过科层制的讨论才能形成某种利益分配的政治决定。所谓重要性并没有统一的标准，需要立法和行政在各自的裁量空间内根据资助事项对公众或者个人的意义和重要性以及援助的及时性来共同形成判断。如前述美国国会对汽车业的资助决定涉及 7000 亿美元的金融救助和 150 万人的就业岗位，而 2009 年美国联邦政府对电动汽车项目的 24 亿美元的资助就因其事业性而不必经由国会审批。[2]

第二，指导性的干预。行政资助的事业倾向性较强，具体项目和对象的选择与确定以及监管等无不充斥着专业性和技术性的要求，“真正重要的是经验”[3]，很难想象由职业政客组成的立法机关能够主导微观的资助政策制定和具体的资助决定作出，换言之，法律只能指导资助政策的制定和决定的作出。

一者，由于立法机关被禁止针对个案进行立法，因此有关行政资助的法律只能呈现一般性、普遍性的特点，造成行政机关在进行具体资助时反而在表面上面临无法可依的局面。不得不承认行政机关具有一定的特权，即“认可行政机关具有一定的职责……行政机

---

❶ 伯阳：《德国公法学导论》，北京大学出版社 2008 年版，第 41 页。

❷ “美国联邦政府资助电动汽车项目”，载科技部网 http：//www. most. gov. cn/gnwkjdt/200904/t20090408_ 68510. htm。

❸ ［意大利］皮罗·克拉玛德雷：《程序与民主》，翟小波译，高等教育出版社 2005 年版，第 7 页。

关必须被容许采取一切必要措施来保护公共秩序……”❶ 因此，无论立法机关是否接受，行政资助中存在的前述之“行政保留”现象不可能被消除。二者，法治国能够容纳“行政部门在正常的活动范围内，可以通过它自身，创造一些对第三者具有可抗辩性的法律地位，而不必获得法官对它行动的认可”❷，而且立法者甚至可以忍耐行政机关按照自我意思解释和补充法律，并通过授权使行政机关获得委任立法权。但是无论如何，自由主义行政法学自身都不可能认为行政拥有无法律授权而独自存在并活动的“固有”权力，更何况法律保留原则本身蕴含的民主精神更不可能允许行政机关在某些事务方面仅以自己的意志为准，而排斥民选机关制定的法律发生作用。三者，资助立法的指导作用是调和法律的民主性与资助决策的专业性的适当方式，它一方面要求法律应秉承在宏观性和程序性规定中自我谦抑，另一方面当民主决策不可能摆脱“大众暴力”和专家意见等的影响时，应该允许民选代表最终被作为管理者与执行者的行政机关说服，“相信不完善的和有偏见的人民会通过自由讨论和逐步地改正错误而达到一致的意见”❸，与行政机关合议产生的资助性法律才能对资助政策有引领作用；因此，行政资助中所谓的暂时性的“无法律行政”现象，即所谓“可接受的行政保留”是一种权力分立下的将就之举。即使在此情况下，一般性、程序性的立法对行政资助政策和决定都在发挥指导作用。可接受的行政保留实乃对法律保留的修正，行政裁量权并未扩大到吞噬民主、“逼宫”立法机关将监督行政之权限放弃或转让于行政机关进行自体监督，“给予行政机关此种裁量权，乃是政治妥协之产物。由国家主导所发生的自由主

---

❶ ［法］L. Neville Browen：《法国行政法》（第 5 版），高秦伟等译，中国人民大学出版社 2006 年版，第 210 页。

❷ ［法］莫里斯·奥里乌：《行政法与公法精要》（上册），龚觅等译，辽海出版社 1999 年版，第 30 页。

❸ ［英］弗里德里希·冯·哈耶克：《自由秩序原理》（上），邓正来译，生活·读书·新知三联书店 1997 年版，第 40 页。

义，不要行政受到法律严格之拘束。这也是德国行政法产生的时代理念，要求行政有弹性”❶。

第三，时机性的干预。虽然助成性的行政资助不直接影响人民的基本权利，但资助行为影响国家对社会进行经济利益的分配，其结果为相对人和公众带来的公平感取决于行政机关对公共利益、正义、目的与目标的自行判断和衡量。一方面，资助政策或措施受到法律规范的密度显然宽松于种种限制人民权利的行政行为；另一方面，“经济权力必须受到‘公共利益’的制约。检验联邦行政机关的权力标准变成了公共利益”❷。故而法律对资助实施干预，即资助必须有法律或者法律之明确授权为依据的时机，应在资助涉及公共利益之重大事项时，其他情况下行政资助一般交由法律优先原则加以控制。

对于公共利益是否重大的最终判断权应归属于立法机关，原因有三：一者，“行政部门不仅具有荣誉、地位的分配权，而且执掌社会的武力。立法机关不仅掌握财权，且制定公民权利义务的准则”❸。强势地位的行政权在决策和实施过程中必然会形成自己的利益，当需要保持或者扩张其权力范围时，公共利益从来都被夸张为神话，正是因为蒙上了神秘的面纱才对行政权具有价值；当行政机关在权力范围的保持和扩张中遭遇民主的限制和阻碍时，它又会贬损某项事务的公共利益的重要性，尽可能地避免立法机关的介入，反映出行政权天然地具有抵抗民主的冲动。二者，法律保留原则本身就是基于某些事项涉及重大公共利益，而在范围和对象方面排除行政的恣意可能。其核心在于分权体制下，以关注“公共利益的最高境界就是为实现个人利益提供最有益的环境”❹ 的立法机关的作

❶ 陈新民：《公法学札记》，中国政法大学出版社 2001 年版，第 11 页。

❷ ［美］伯纳德·施瓦茨：《行政法》，徐炳译，群众出版社 1986 年版，第 40 页。

❸ ［美］汉密尔顿等：《联邦党人文集》，程逢如等译，商务印书馆 1980 年版，第 391 页。

❹ 刘军宁：《共和·民主·宪政——自由主义思想研究》，上海三联书店 2000 年版，第 110 页。

用，促使行政机关顺从并关心民主意志下的公共利益，从而得到广泛的民众拥护。三者，公共利益的概念、内容、组成和作用对象具有不确定性，价值判断和形成过程也具有不稳定性和不可预测性，因此现代国家只有借助立法机关的平台将公共利益诉求形成法律，从而体现民主之最少的强制和最多的妥协的原旨。虽然公共利益具有宪法意义，立法机关也绝不是反映和决定公益的唯一主体，但是相较于行政机关，立法者基于民主的色彩却是最重要和频繁的权力载体："必须要藉立法的途径，使其得具体化……公益的内容由立法者予以满足。"❶ 当立法机关和行政机关在对公共利益的解释上达成平衡时，其意义更在于司法审查时"立法机关是否提供了充分的标准，以限制行政机构酌处权的范围"❷。

第四，财政性的干预。法律保留原则对行政资助干预的方式有三种，即委任行政机关根据资助事项或范围就立法机关之财政性立法、措施性立法和行政程序立法作出补充规定。一者，根据措施性立法（如《科技进步法》）制定执行性行政规范性文件（如《深圳市建设工程新技术推广应用管理办法》）也属较易理解之相对保留形式；二者，行政机关的抽象性行政行为对资助之正当程序的补充或细则性规定。在行政资助过程中坚持正当行政程序是必要的，尤其是资助往往体现为公共政策性的选择，标准制定和条件审核以及效果评估都具有多变性，因此，"在一定条件下，把价值问题转换为程序问题来处理也是打破政治僵局的一个明智的选择"❸；而程序所带来的行政自由裁量权的合理效果及相对人的选择自由，都可以"在政治民主化、经济自由化、法治化及国际化等发展方向的拉动下，在资讯观方面逐渐从资讯消极向资讯积极，在程序观方面，逐渐从

❶ 陈新民：《德国公法学基础理论》（上册），山东人民出版社 2001 年版，第 195 页。

❷ ［美］欧内斯特·盖尔霍恩等：《行政法和行政程序概要》，黄列译，中国社会科学出版社 1996 年版，第 9 页。

❸ 季卫东：《法律程序的意义——对中国法制建设的另一种思考》，中国法制出版社 2004 年版，第 15 页。

程序消极迈向程序积极，在程序功能方面，也逐渐能体会程序同时具有保障人民权益及增进行政效能两种作用”❶。三者，最为关键的干预方式是立法机关在财政或预算方面的事先规制。作为资助主体的行政机关，得以制定资助政策的最直接、关键和明显的授权依据，就是财政或预算法律中有关资助事业方向和以会计细目反映的额度，即行政机关根据经由立法机关审议后的财政预算决议获得了相应的自由裁量权，可以凭借自己的专业性判断将法律细化为反映具体范围和事项的资助政策，并据以作出资助决定，正如我国台湾地区“司法院”释字第520号解释：“预算案经由立法院通过及公布手续为法定预算，其形式上与法律相当，因其内容、规范对象及审议方式与一般法律案不同，本院释字第391号解释曾引学术名词称之为措施性法律。”财政与预算方面的相对保留可谓是宪法的传统，尤其是面对资助政策，预算法定使法律保留原则终成“一个整体和完整的东西。它通过法律起作用——通过行政者起作用；它一会要求法律，一会要求行政者；除非它可以容易地动用这两者，否则它很快就会受到阻碍，除非它能够绝对地控制这两者，否则其工作就会变得不完美”❷。

3.3 小　结

行政资助之合法性原则的核心作用在于类比行政许可，约束行政资助中巨大的自由裁量权，避免在其决策和实施过程中出现这一现象——“政，财，官界三位一体的融合体制和行政过程中的秘密主义使这种危机进一步成为现实并具体化。这种实际情况常被揭露

❶ 叶俊荣：《面对行政程序——转型台湾的程序建制》，元照出版有限公司2010年版，第36页。

❷ ［英］沃尔特·白哲特：《英国宪制》，李国庆译，北京大学出版社2005年版，第169页。

出来”❶。它包含了法律优位原则和法律保留原则，二者中法律的态度不同，对行政资助的规制和调整路径不同，但互为补充。法律优位原则的间接作用使非权力性和授益性的行政资助不仅服从于资助方面架构性的法律，也须符合上位资助立法的目的、范围、权限和一般性原则；法律保留原则之于行政资助，法律的拘束作用既不能完全被行政机关排斥，也不能完全地羁束行政机关。相对保留原则使行政机关获得了制定资助政策和作出具体决定的裁量权。无论法律如何尊重行政资助中行政机关的自主性地位并鼓励其弹性地发挥在公共福祉方面的提升作用，“曼曼绵绵，有聚必散”（《六韬·文韬》），财政预算法律始终是合法性原则拘束行政资助的核心，无此法律，则作为资助主体的行政机关将沉陷于法治国一直深以防范的恣意当中，如深圳市政府 2009 年 7 月向市人大常委会报告 10.37 亿元科技研发资金预算❷的做法就符合合法性原则的要求。

❶ ［日］室井力主编：《日本现代行政法》，吴微译，中国政法大学出版社 1995 年版，第 27 页。

❷ “市政府向人大常委会专题报告中小企业发展状况”，载深圳市政府在线网 http：//www.sz.gov.cn/cn/xxgk/zwdt/200907/t20090720_1153795.htm。

4 法治化路径之二：比例原则之遵循

近代以来，随着科学的发达、工业化的深入和自由经济的发展，市场竞争和社会自治的作用局限性和功能缺陷性被逐渐发现和认知，以实现公共利益和促进平等为目标的现代行政日趋积极和能动，而社会也不再抱持“最少统治、最佳政府”的观念并越来越倚重行政供给模式的作用发挥。其中，出于保持国家综合实力、国际竞争力和社会持续发展力等目的，行政机关在行政资助——“行政主体为了保证经营的安定，满足公共性需要，而对业界团体、私人、私企业提供资金及其他财产性利益的行政作用”❶方面，被赋予了大量的政策制定权和给付决定权，资助政策的制定和实施固然要保持连续性和统一性，但更因其可能使资源分配不均造成人民、企业或社会组织在社会竞争上“立足点”的不平等，而要求行政机关具有政治理性——“这样一个政府的国民要求它应该是强大的、活跃的、坚决的、经济的，既不反复无常，也不过分积极”❷。行政理性之要求使得比例原则作为一般法律原则贯穿于全部行政法域中，从《行政许可法》第 11 条“遵循经济和社会发展规律”之内容可见一斑❸，但是在行政法体系中的给付行政领域又存在补充

---

❶ ［日］南博方：《行政法》（第 6 版），杨建顺译，中国人民大学出版社 2009 年版，第 33 页。

❷ ［英］迈克尔·欧克肖特：《政治中的理性主义》，张汝伦译，上海译文出版社 2004 年版，第 150 页。

❸ 见前述 2.1.3，行政资助具有许可性质。

性原则[1]和辅助性原则[2]。正所谓“形而上者谓之道，形而下者谓之器，化而裁之谓之变；推而行之谓之通，举而措之天下之民，谓之事业”。(《易经·系辞》)，一方面，比例原则是为“道”，包括必要性原则、适当性原则和法益相称性原则，讲究必要性、适当性和最小损害性（狭义之比例原则），规制行政资助领域；另一方面，无论资助政策的制定抑或在具体资助决定的作出过程中，作为授益性的许可行为，资助政策和决定都应充分照顾补充性原则和辅助性原则[3]——行政给付领域之具体原则，是为“器”，体现了行政资助中国家对于私益提升的作用和功能。但是，一者，不能简单地将“器”视为“道”的具体化，必须由比例原则证成补充性原则和辅助性原则；二者，真正具有行政理性的资助政策或决定必须完整地遵循比例原则，应该能够证成法益相称性原则是建立起“器”与“道”之间在含义方面涵摄关系的必要条件之一；三者，虽然三项子原则对行政资助的规制维度不同，但是正如庞德指出“一项规则是对一个确定的具体事实状态赋予一种确定的具体后果的法令”[4]，抽象性的资助政策的理性最终体现为具体资助决定的外观效果的合理与否，故而本章对比例原则之适用于行政资助的讨论有时主要集中在具体的资助决定方面。

4.1 功能性的辅助性原则

辅助性原则是在经济行政法域内调整公权力主体与私权利主体之间经济法律关系的原则，其含义为“只要更小的单位能够有效而

---

[1] 陈新民：《公法学札记》，中国政法大学出版社2001年版，第85～86页。

[2] 陈新民：《德国公法学基础理论》（上册），山东人民出版社2001年版，第189页。

[3] 德国行政法学中对行政资助使用辅助性原则，日本行政法学中对行政资助使用补充性原则，但本书认为二者对行政资助的适用有不同含义。

[4] [美] 罗斯科·庞德：《通过法律的社会控制》，沈宗灵译，商务印书馆1984年版，第22页。

可靠地完成经济任务，更小的单位就具有优先的自治权”❶。虽然其运用范围在法律与经济之间，规制公权力机关（尤其是立法和行政）在经济领域发挥作用的立法、政策和实践，但由于行政资助本身所起到的指导作用，使辅助性原则契合于行政法所包含的经济整序行政，其功能在于必要时“为了谋求国民经济的协调性发展，朝着理想的方向调整经济秩序，规制经济活动的作用”❷。

4.1.1 辅助性原则的功能意义

正如托马斯·阿奎那在《神学大全》中指出的，“一个人享有什么东西或为人如何，并不全部都负有政治义务；因此他的一切行动，对于政治社会来说，并不一定都被认为是值得赞扬或谴责的”❸，即国家与个人之间相互的期待和作用均有程度不同的局限性，由此产生重要的政治原则——“辅助”（subsidiary）原则，承认国家承担职能的有限性的同时强化个人自治和最大化自治领域。同理，行政资助中辅助性原则的功能意义在于突出社会进行自我调节的相对于国家的优先权。一方面，限制国家权力，建立有限政府。现代宪政强调国家与社会的二元化的同时，认识到国家通过对公民财产权的征收权而拥有远较之于社会强大的资源集中和掌控能力，如果国家财政无限制、不节制地进入私人经济领域，必然会产生主导作用，从而替代市场竞争、吞噬社会自治，破坏自我发展、自我决定和自我负责的经济自由权利。另一方面，避免财产集中，保障公民自由。弗里德曼曾指出“假使经济力量加入政治力量，权力的

---

❶ 按照罗尔夫·施托贝尔的观点，经济法分为经济私法、经济行政法和经济制裁法。经济私法调整私主体之间存在的涉及经济的法律关系，经济制裁法规定违反经济私法和经济行政法的法律后果，见［德］罗尔夫·施托贝尔：《经济宪法与经济行政法》，谢立斌译，商务印书馆2008年版，第350页。

❷［日］南博方：《行政法》（第6版），杨建顺译，中国人民大学出版社2009年版，第30页。

❸［古罗马］阿奎那：《阿奎那政治著作选》，马清槐译，商务印书馆1963年版，第103页。

集中是不可避免的”[1]，国家控制的资本进入本应以私主体为主角的经济运行场所，会本能地借助国家公权力形成垄断，使国家取代私主体成为事业或者项目的所有人，加速国家对社会经济的集中和控制，造成政治权力的高度集中，瓦解建立有限政府和保障自由的物质基础。一旦社会自我调节能力降低或者消失，势必出现“一旦生产资料归于单一占有者之手，奴役就近在眼前”[2] 的局面。

4.1.2 辅助性原则的功能目的

辅助性原则的功能目的在于促使行政机关改善财务经营，追求有效政府。一方面，资助决定产生经营财政之作用，其决定的作出必然使行政机关的财产管理作用的效果受到立法机关和人民的监督，促使行政机关在履行资助职能时在经济、效率和效果三者结合方面不断提高水平，以善意经理人的角色从实现最佳值（best value）的主旨进行制度安排，如2010年北京市政府以每支1元的标准资助该市危险废物处置中心对含汞的灯管灯泡进行无害化处理[3]，在行政机关推进环保的成本、处置效率和社会效果之间的配比方面，它无疑是值得称道的资助决定；另一方面，行政机关干预经济过程的正当性在于更大范围地承担保障社会存在和支持社会发展的责任，纷繁复杂、变化万千的经济形势“越来越迫使国家，不仅仅只是在出现灾难或者危机的时候才作出反应，而是要预见可能出现的问题并通过早期控制措施把其消灭于萌芽状态”[4]。其中著名之案例如2008年10月，美国前财政部部长保尔森为预防并抵御金融海啸的进一步影

---

[1] ［美］米尔顿·弗里德曼：《资本主义与自由》，张瑞玉译，商务印书馆2007年版，第20页。

[2] 刘军宁：《共和·民主·宪政——自由主义思想研究》，上海三联书店2000年版，第368页。

[3] “北京试点由政府资助回收废旧灯管灯泡”，载新华网 http://www.bj.xinhuanet.com/bjpd_sdzx/2010-10/30/content_21270933.htm。

[4] ［德］爱贝哈德·施密特-阿斯曼等：《德国行政法读本》，于安等译，高等教育出版社2006年版，第51页。

响，根据财政部问题资产救助计划（TAPP）向摩根大通、第一资本银行等在内的10家美国大银行紧急注资约683亿美元❶。

4.1.3 辅助性原则的功能时机

辅助性原则的功能发挥时机在于行政机关认为必要时。行政资助系动用公共资金直接向私主体作出授益性行政行为，能够达到其预期的促进公共利益的目的的可能性受到行政机关作出资助决定时存在的不确定因素的干扰，是故行政机关拟作出行政资助行为时，必须在裁量范围内基于专业性和技术性分析，从科学角度辨明该资助行为对于达到相应的行政目的或者目标是必要和必需的，才能实施。尽管没有该笔资助，申请人也有可能通过借贷融资等私经济行为达成自身预定的经营目标，但是该笔资助对事业项目的助成作用却为前者所无法替代，如广东省科技厅于2008年为处于金融危机造成的融资困难的科技企业提供200亿元资助，事后取得总产值5200亿元，新增税利670亿元❷。因此，一方面被资助事业的存在和潜能是辅助性原则发挥功能的前提，另一方面该事业发展所能创造的利益对于提升公共事业水平的作用及其可能性值得资助主体期待。一般情况下，法律的确没有并很难为行政资助决定事先规定标准，只能凭借行政机关的专业判断能力、思维惯性根据相关事实、一般的行业规范、技术标准、有关人士提供的专业观点最终制定政策或作出决定，统言之，其裁量标准"仅仅要求视'具体情况下特别给付合理'与否"❸。

综上，行政资助的辅助性原则所坚持的市场优先和社会优先精

---

❶ "美10家大银行680亿美元'赎身'"，载新华网 http://news.xinhuanet.com/world/2009-06/11/content_11523034.htm。

❷ "广东省科技厅帮助企业渡难关"，载人民网 http://gd.people.com.cn/GB/123937/123963/8474702.html。

❸［德］G. 平特纳：《德国普通行政法》，朱林译，中国政法大学出版社1999年版，第63页。

神既是在“这种最低限度的国家……在我们能力所及的范围内，在拥有同样尊严的其他个人的自愿合作的帮助下，来选择我们的生活，来实现我们的目的和我们的自我观念”❶，也是国家对私主体举办事业的经济性的肯定。虽然立法机关通过编列资助预算的方式向行政机关授予资助决定权，使行政机关可以专业或者政治裁量只在必要时为防患于未然或者促进公共利益整体提升使用这一行政手段，但是行政权追求的目标仍是秩序而非效益，社会或者市场则是达致效益最大化的最佳平台，如果摒弃辅助性原则，将由社会承担之经营行为国家化，既不能取得最大效益，更重要的是社会自治亦将不存。因此，辅助性原则表明了国家对私人经济的功能性定位，促使其明智地作出资助决策。由其决定之必要性既使经济行政的实施符合比例原则，也使国家不能通过行政资助反客为主，正如布坎南指出的“这些规则明确限制公共活动的范围，它们的重要性在于它们禁止那些人直接占用资源的任意性权力”❷。

4.2 作用性的补充性原则

补充性原则是给付行政领域的原则，“经济补助原则……由行政机关自行办理补助时，亦有成立公法关系的可能”❸。行政资助亦受其规制，旨在以行政措施提高社会力量并改善市场环境和竞争条件，即当私主体（个人、企业或其他组织）不能对其经营的事业完全承担或者不能很好地承担维持或者发展责任时，才可能由国家取得一定的支援。韩国学者金东熙进一步将补充性原则解释为禁止过剩给

❶ ［美］罗伯特·诺齐克：《无政府、国家和乌托邦》，姚大志译，中国社会科学出版社 2008 年版，第 399 页。

❷ ［美］布伦南·布坎南：《宪政经济学》，冯克利等译，中国社会科学出版社 2004 年版，第 195 页。

❸ 吴庚：《行政法之理论与实用》（第 8 版），中国人民大学出版社 2005 年版，第 14 页。

付原则，将其视为经济行政法中的“不成文法原理”[1]。但是禁止过剩给付原则与补充性原则只是文字表面上的契合或者相似，该原则有其自身的含义并具有一定的局限性，且二者着眼点和影响维度不同，并非关系密切、互为表里，前者不能起到补充性原则所具有的公私合作、公助私成（指导）和上下交利、丰盈府库的作用。

4.2.1 禁止过剩给付原则之不适用性

禁止过剩给付原则指“不得对不需要给付者予以给付，不得对需要给付者予以超出其所不足部分的给付，不得对起初需要给付，经受给付之后不再需要给付者予以继续给付的原则”[2]。此原则以社会保障行政为作用范围，意在社会国家下体现国家对公民的基本生活和尊严的照顾，实现社会正义——“国家必须努力调和因权力分配、贫穷、教育程度、性别等差异所生的对立与矛盾，并竭力谋求社会平等的建立”[3]。一方面，禁止过剩给付原则的权利背景在于公民的原初的给付请求权——“直接由基本人权导出，对国家财务给付或生活照顾的请求权”[4]；另一方面，禁止过剩给付原则的旨意在于强调公民的自我实现——“以自我人格的自由开展为主，而以自然人性的发展为导向，由此建构并实践自己内心所呐喊并向往的生命”[5]。避免公民因国家的给付而被过于干扰内心之自我决定和发展的愿望，并为社会的期望所形塑，从而失去个性和自我思考及生存能力，同时强调公民自我负责——社会自治——国家援助的顺次责任，使公民需求的程度客观化。但是，禁止过剩给付原则之于行政

---

[1] ［韩］金东熙：《行政法2》（第9版），赵峰译，中国人民大学出版社2008年版，第469页。

[2] 杨建顺：“论给付行政的法原理及实现手段”，见杨建顺主编：《比较行政法——给付行政的法原理及实证性研究》，中国人民大学出版社2008年版，第20页。

[3] 法治斌、董保城：《宪法新论》，元照出版有限公司2005年版，第83页。

[4] 许育典：《人权、民主与法治——当人民遇到宪法》，元照出版有限公司2009年版，第54页。

[5] 许育典：《宪法》，元照出版有限公司2006年版，第97页。

资助，则不具有适用性。

4.2.1.1 禁止过剩给付原则之不适用因素

给付对象及其能力为造成不适用性的影响因素。

首先，给付对象因素。社会保障行政的对象仅为公民个人，行政资助的对象除公民个人外，还包括企业、社团等社会组织，均为以事业项目为依托的私主体；公民和企业等私主体在行政资助中具有申请权，而非公民在社会保障行政中之请求权；资助行政中，对申请内容的审核引起行政机关对私主体经营能力和事业潜能方面加以甄别的裁量权，而社会保障行政认定请求权人的自身能力（事实状态）。

其次，给付对象的能力（决定的标准）因素。前述原则之定义中反复重申之“需要”之辩明恰在于对给付对象能力之分析。社会保障行政和行政资助的确都会对给付对象的能力进行法律事实方面的确认，前者仅仅对公民的最高能力加以确认，高于标准者不得援助，反之，低的程度则在所不问；后者，则高低皆察。高者如财政部之《关于做好2012年中小企业发展专项资金有关工作的通知》中对各类资助申报条件的规定，其中申请无偿资助的项目单位的固定资产投资规模不得超过2500万元，申请贷款贴息的项目单位的固定资产投资规模不超过3000万元；低者如香港政府对中小企业提供的免抵押、分期贷款和透支计划（额度50万~100万港元）的要求为成立至少3年、营业额500万港元以上，[1] 其意在于“能力高者无须资助、能力低者不必资助”，避免公帑靡费；但是行政资助考察的第一性指标仍是事业项目的潜力，申请人的能力只居于第二性，即使能力暂劣，但事业预期优异，则行政机关有时不会考虑申请者的能力，只要不达到“是政府选择赢者，而不是通过市场优胜劣汰”[2] 的程度，行政机关大可专注于对资助申请人的事

---

[1] “中小企业资质计划——免抵押、分期贷款及透支”，载香港政府中小企业资源服务网 http：//www. sme. gig. hk/sme－support－fund/。

[2] 程华等：《政府科技投入与企业 R&D——实证研究与政策选择》，科学出版社2009年版，第41页。

业项目的发展预期进行判断。

4.2.1.2 禁止过剩给付原则之不适用现象

就前述之定义，作如下之现象分析。

第一，“不得对不需要给付者予以给付”的不适用。有时即使以资助相对人的能力无须资助，但只要提出申请并符合条件，行政机关依然会给予资助。如《东莞市专利促进实施办法操作规程》规定，“国内实用新型专利授权后每件资助1000元；外观设计专利授权后每件资助500元；国内发明专利每件的申请费、实审费在授权前按实际发生额给予全额资助，授权后再资助10000元”，故不问能力，专利所有人已基本无须承担专利的申请成本，内蒙古自2002年起就在《自治区发明专利费用资助暂行办法》中明确规定申请专利由政府全额资助[1]。

第二，“不得对需要给付者予以超出其所不足部分的给付”的不适用。实际的市场运作中，如果就事业项目进行资助申请，行政机关很难通过申请人的会计资料（科目）反映的情况辨明申请人能力之“不足”程度和具体的需求点，更遑论“超出”，只能根据裁量权，尽可能以专业角度作出有利于相对人事业发展的决定，如根据2009年《深圳市政府扶持中小企业发展政策与措施》中对ASP项目资助标准的规定，“给予第一年租赁费用全额补贴及实施费用（客制化费用）50%的补贴，每家企业补贴额不超过50万元”，其意为只要申请人进行ASP项目，行政机关均对其事业经费缺口是否低于50万元在所不问，只要租赁和实施费用达到50万元并符合标准，则资助其50万元。

第三，“经受给付之后不再需要给付者予以继续给付”的不适用。申请之事业可能对资助并非一时之需，有可能需要持续性的资助（投入），申请人和行政机关均很难判断前次资助后之效果是否足

---

[1] “内蒙古：申请专利由政府全额资助”，载人民网 http://www.people.com.cn/GB/kejiao/42/152/20020917/824833.html。

以证明不需再行投入，行政机关也很难判断经受一次资助后申请人的能力程度，故而只能依据事业的大致发展和需求作出再次资助的决定，如2008年敦煌莫高窟保护工程投入2.61亿元[1]，2012年当保护工程主体结构已经封顶时，敦煌研究院仍然认为资金紧缺，“除中央预算内投资外，还有很大资金缺口，需要政府和社会各界给予鼎力支持”[2]。这就意味着事业主体的敦煌研究院仍然会向国务院文化部门提出后期或持续性资助申请，但对于敦煌保护事业的有责主体甘肃省政府而言，仅2011年“十一”黄金周期间该省的旅游总收入即达到23.9亿元[3]，其中敦煌莫高窟的贡献可以想见。可见以甘肃省的财政状况，自力性地完成保护并非不能，亦无须再行申请国家资助，但如果国务院发改委批复资助申请时，起码从政治考量上不能以2008年的资助已取得的旅游开发效果足以支撑敦煌后期保护为由完全拒绝对中央财政之资助申请，故而后续资助未必会充分考虑申请人的自身能力或者需要，政治性的裁量也会受到影响。

综上，实际行政资助的过程中，对象因素之外，行政机关并不完全以申请人的能力为标准决定资助与否，而更多的是根据事业项目本身的效果预期是否“为了实现特定的经济、社会和一般政治目的”[4]。由此也契合了补充性原则所确立的宽泛的裁量标准，即只要项目值得经营（辅助性原则）、申请人有一定经营特定事业项目的能力，行政机关就可以发挥补充之作用予以资助。此时的补充性不在乎相对于申请人自有资金能力的多寡，而在于行政机关的裁量判断——“我认为我应该承担多少并可以承担多少”。以2012年7月

---

[1] “总投资2.61亿元、敦煌莫高窟实施最大保护工程”，载人民网 http://unn.people.com.cn/BIG5/6877453.html。

[2] “敦煌莫高窟保护利用工程获重大进展”，载甘肃新闻网 http://www.gs.chinanews.com/news/2012/05-16/181799.shtml。

[3] “黄金周甘肃接待旅客432万人次 旅游收入23.9亿元”，载中国政府网 http://www.gov.cn/gzdt/2011-10/09/content_1964444.htm。

[4] ［德］哈特穆特·毛雷尔：《行政法学总论》，高家伟译，法律出版社2000年版，第425页。

江西省新余市“赛维 LDK 5 亿元债务事件”为例，如果新余市人大和政府均认为该企业值得资助并有财政能力进行资助，如果新余市人大所通过者非个案性的预算法律，市政府获得 5 亿元资助的授权，则即使在赛维负债已达 302.3 亿元[1]的情况下，行政资助仍有可能进行，如此则突破了禁止过剩给付之原则[2]。

4.2.2 促进公私合作之作用

社会国家的理念表达了立宪主义中国家公权力操作的目标，而国家千方百计地运用公权力通过介入经济过程以创造和增加自由赖以维持、保障和发展的物质基础时，本身也有发生集权式异化的可能，需要广泛采用类似行政资助的非权力行政行为建立公私合作关系，减少高权行政行为带来的裁量权的自我扩张和决策恣意等情况及其出现的可能性，以体现行政民主化趋势。

一方面，民主借助选票来表达，使得公权力不得不通过分享利益取悦大多数选民，福利固然是“娱”民利器，但国家在履行给付义务时，“除去人员数量和辐射区域的扩张外，公共服务的技术和效能也发展了，这些也提升了执行者的权力……它们每一项都增加了执行机关的权力，使它能够更有效地行使它拥有的权力”[3]。造成民主与集权伴生递进的情况，直至集权发展为极权，反而吞噬民主。故而在对经济事务的干预过程中，不将资助视为国家之必然义务。当公私主体通过对事业项目的共同选择达成合作时，补充性就意味着权力的分散和由市场主体自我判断经济行为的发展空间和潜能；另一方面，行政机关拥有对市场宏观把握的信息和权力优势，行政判断往往趋于长期，私主体则对微观市场和自身利益有着清醒和准

---

[1] “江西新余拟用财政为民企巨债兜底”，载凤凰网 http：//news. ifeng. com/gundong/detail_ 2012_ 07/19/16135438_ 0. shtml。

[2] 符合上述前提之下，如若该笔行政资助得以实施，但资助效果事后证明不佳或者失败，地方立法和行政机关应承担相应的政治责任，本书在此不作赘述。

[3] ［美］K. C. 惠尔：《现代宪法》，翟小波译，法律出版社 2006 年版，第 108 页。

确的认识，个体判断往往重视短期效益或在迎合行政长期意图时力有不逮。显然，二者的判断有时不能取得一致，即产生所谓市场失灵的现象。当不可能用直接命令和严格管制方式逼迫和控制私主体实现行政机关的规划意图时，行政资助中的协商过程是双方合作的基础，也使私主体理解并共同行动，其诱导作用具备了建设“以共同负责为导向的合作国家的特征”❶。如北宋减免运河漕运船只的税负并允许船主携带一定重量的其他货物牟利，以利南粮北运。

因此，行政资助一公私合作的行政模式，一方面调和了市场结构与行政监管、被管制者与行政机关之间的对立关系，在双方共同关注成本和效率的基础上达成共赢的合作模式；另一方面，虽然行政资助是行政机关可行的最有效率并接近社会实际的非权力性履行职能的方式之一，但并不意味着公共利益排斥私人利益，相反公共利益的确立不能仅仅依靠市场，市场只是达成公共利益这一目的的手段之一，以公私合作补充市场对公共利益形成的较大但有限的作用，恰恰意味着行政资助是行政机关“运用市场代表着对私人利益的公共利用。市场不仅被用于使财富最大化——无论该财富如何被分配——而且被用于以该种方式建构激励以达成公益目标”❷。

4.2.3 发挥公助私成（指导）之作用

补充性原则的指导作用在于行政机关通过制定具有导向性的体现资助政策的行政规划（纲要等），事先设定一定的利益，对私经济行为加以诱导，影响公民、企业或其他组织的经营决策。当“‘市民’一跃而为国家之主体，而民主政治亦成为实践此一意义的重要机制，关心公共利益事务及理性是民主政治成功的基石”❸，使行政

❶ ［德］汉斯·J. 沃尔夫等：《行政法》（第3卷），高家伟译，商务印书馆2007年版，第453页。

❷ ［美］迈克尔·塔格特：《行政法的范围》，金自宁译，中国人民大学出版社2006年版，第138页。

❸ 沈宗瑞：《国家与社会》，韦伯文化事业出版社2001年版，第221页。

之“想你做”和私主体的“我想做”因为利益的诱导而结合在一起，即将行政资助与行政指导加以整合。一方面，“由于行政机关在掌握知识、信息、政策上的优越性和宏观性，因此其实施的行政指导能有效地指引、促使社会经济与科技健康发展，具有一种特殊的启发、导向和促进作用”[1]，不可否认资助政策（决定）的导向性会使行政机关能够引导和利用掌握在人民手中的社会资源；另一方面，对于私主体而言，一旦私经济行为跟从行政机关的指向，则行政机关即可给予资金或者其他形式的资助，以帮助其实现经营目标。根据对象，可将补充性原则之指导作用分为引导和助成。

第一，行政资助对相对人（广义）和其他人（非当事人）的引导作用。引导作用系指“为实施和实现一定的政策或计划，并根据该政策和计划引导相对人行动的作用”[2]。引导对象之相对人为资助之申请人，包括作出资助决定后的相对人和利害关系人，其他人（非当事人）为未申请人，包括未提出申请的资助规划所涉及的经济领域中的私主体和与该经济领域无涉的私主体。对于相对人（广义），纲要性的资助信息公布虽然是事实行为，如各地科技主管部门逐年发布的科技经费申请指南，但它会导致两个持续性的行为结果，一是接受指导并提出申请，即资助规划的直接作用对象——事业人或项目人基于对资助主体的收集项目信息能力和资助意向的信任，以及资助决定作出后对其经营能力的补充（金钱给付后）的期望而接受指导并提出申请；二是通过资助决定的作出，以相对人或者利害关系人的身份与行政机关建立许可性的法律关系。对于其他人（非当事人），资助规划（纲要）和决定使未提出申请的资助规划（纲要）所涉经济领域的私主体筹划提出申请并满足申请条件，本与资助领域无涉的私主体可以根据资助信息调整经营行为，涉足资助

---

[1] 莫于川：《行政指导论纲——非权力行政方式及其法治问题的研究》，重庆出版社1999年版，第45页。

[2] ［日］室井力主编：《日本现代行政法》，吴微译，中国政法大学出版社1995年版，第152页。

领域后也成为资助之申请人，此时补充性原则的作用仅在于弥补非当事人类私主体资讯收集能力的不足，属服务行政的范畴。因此，虽然资助规划（纲要）本身不具备法效果，但只要申请人根据资助规划（纲要）提出申请，引导的作用就为资助过程所吸纳，并有可能成为资助法律关系中的有机部分。基于信赖利益保护原则，一旦符合纲要之标准或者条件，只要行政机关提供的资助信息中包含了金钱给付的内容，就应该向相对人切实履行公法上的给付义务，行政机关与相对人即达成公私双方和致的目标。

第二，行政资助对相对人（狭义）的助成作用。按照行政指导理论，对于资助相对人的指导作用似应限于“对私人提供情报，以助成私人某种活动”❶，不应以公共资金介入私主体的经营自由并帮助其取得个体利益，否则资助超出了行政指导应有的手段、范围或内容；但是，“行政机关之事实行为，有可能附随于其他行政行为”❷，即它可以被单独使用，也可以在处于某种关系的状态下和其他行政行为一起使用，在该限度内，成为行政过程的重要组成部分。故而助成性的指导是行政资助这一授益性行政行为过程中的一部分，资金的给付是助成作用在资助领域的自然延伸。

综上，补充性原则所蕴含的指导性作用中，引导通过资助规划（纲要）和决定发挥作用，其对象较为广泛，包括资助决定之申请人和规划（纲要）中涉及或不涉及资助事业的私主体，而实际助成作用的对象则仅仅限于资助决定的相对人，此时行政指导之事实行为融合于行政资助的过程中。

4.2.4 上下交利、丰盈府库之作用

现代国家通过征收权拥有巨大的财富吸附能力，顾炎武曾指出：“聚财于上，是谓国之不祥”（《日知录·财用》）。财富终究要取之

❶ ［日］盐也宏：《行政法》，杨建顺译，法律出版社 1994 年版，第 144 页。

❷ 黄俊杰：《行政程序法》，元照出版有限公司 2010 年版，第 325 页。

于民、用之于民。一方面，社会福利对资源的消耗迫使行政不断提高财政管理能力，行政机关需要以“不在市场、又在市场之中”的角色寻找支持公共利益增长的资源，资源的拓展程度成为行政有效性的标志之一。欲有所用则先“丰府库”，故行政介入市场有其正当性。另一方面，《论语·颜渊》有云：百姓不足、君孰与足？行政以资助方式干预市场固然可以避免过度征收和强制的可能性，但非普遍性的行政资助所使用的由国家掌控的财政或者资源仍系取之于民众，为避免增加纳税人之税负而使资助对公共利益提升的间接作用受到公众质疑，使公共利益的增长的可能性和风险因素不致陷个体公民于困顿，故而行政资助决定者必须认识到人民对财政资源的供给能力的有限性，资助主体制定政策和作出决定时必须兼顾社会各方的利益，将资助的期待效果止于补充性，使行政资助行为之目的归结于比例原则之适当性条件，即“行为是适合的，亦即：行政机关所采取的行为是能达到目的的有效方法”❶。因此，资助政策和决定的目的在于“实现金钱价值已成为中央政府在各种形式的工作中所采取的基本取向”❷，但是必须本着不增加公民税负的前提量力而行，并不影响私主体的事业选择方面之判断能力。

一方面，资助行为的支撑点在于人民在公法上的金钱给付义务，包括罚款、税收和行政收费，行政资助的成本有限，则资助的权力有限，不能摆脱现有公共财政对资助的资源限制以及经营风险因素的制约。如2004年江西省新余市在引入赛维太阳能时无偿资助的2亿元占当年该市财政收入的1/9，其中市财政结余5000万元，财政担保借款1.2亿元，正是因为赛维于2009年在美国纳斯达克上市才掩盖了当地政府作出的远远超出财政能力的资助决定所带来的巨大公共财政风险，而这一风险却远远不是王德和

---

❶ 黄异：《行政法总论》（第5版），三民书局2006年版，第80页。

❷ ［英］彼得·莱兰、戈登·安东尼：《英国行政法教科书》（第5版），杨伟东译，北京大学出版社2007年版，第59页。

（时任新余市市委书记）一人结束政治生命所能负责的，更何况对当地人民的税费负担、公共福利和其他产业不可能不带来负面影响。[1]

另一方面，行政资助必须以私主体的事业项目和对此事业的决心以及独立经营能力为决定基础，既不能使企业因为可能取得资助而上项目，也不能使资助承担全部或者过大的项目风险，更不能使资助取代经济行为决策的自主、自律和市场，使市场主体背离其应有的自由竞争和自我负责精神，如高垄断、高价格、高利润的中石油、中石化、中海油等油企每年领取 50 亿元到 503 亿元的补贴[2]，以至于三大油企根本不按经济规律运用，成本高企、浪费严重，造成加重人民税负负担的恶性循环和降低税费的巨大阻力。

综上，作用性的补充性原则表现为公私合作、公助私成（指导）和上下交利、丰盈府库，其核心在于充分确立私人利益的存在和与公共利益展开合作的正当性和可能性以及公私双赢的可能性，在国家公权力的干预与私人自由之间寻找利益的交集。放松管制，以利诱导，使私人参与并提供公共产品和服务供给，既不增加税费负担，又可以有限的财政资源通过市场经营得以增值；既不减弱私主体自我负责、尽自己所能实现自我发展的动力，又防止公共权力借资助之需扩大财富的控制能力，因为“在民主社会中，一旦人们接受了政府应当对某些特定群体的地位或者生活状况承担责任这项原则，那么这种控制活动就不可避免地会被政府扩展至其他的领域，用以满足大众的欲求和偏见”[3]。

---

[1] “一座城市的‘豪赌’”，载中国网 http：//big5. china. com. cn/news/txt/2008 – 12/19/content_ 16974775. htm。

[2] “两大油企利润占央企三成仍索要巨额财政补贴”，载和讯网 http：//news. hexun. com/2011 – 11 – 29/135773774. html。

[3] ［英］F. A. 哈耶克：《个人主义与经济秩序》，邓正来译，生活 · 读书 · 新知三联书店 2003 年版，第 158 页。

4.3 追求理性的法益相称性原则

虽然辅助性原则和补充性原则完全适用于行政资助，但是相对于君临行政法全领域的比例原则，它们只是相应解决资助政策和决定的必要性和适当性问题的亚原则，仅仅体现“比例原则要求行政官员‘平衡’目标和手段之间的关系，当行为与所要实现的目标不成比例则排除行动方案”[1]。能够使资助政策和决定具有理智（rational）——目的和手段的工具合理性的外观。但是，行政资助应具备的理性要求“我们必需考虑到他人的利益和立场——给予他们以正当的权益（properdue）”[2]。因此，如欲发挥比例原则对行政资助的全面统制作用，必须使其政策和决定具有理性，即符合法益相称性（子）原则，以资助决定之理性为重。

4.3.1 法益相称性的作用对象

法益相称性的作用对象为资助决定的利害关系人。一者，行政资助是授益性行政行为，对于相对人虽可产生自主经营能力的降低（补充性原则，非降低经营能力），但不会产生利益上的侵害。二者，资助决定的实施不可能不会引起多方利益的冲突，必须从价值层面对资助决定的效果进行考量和权衡，应使资助行为所外化的行政对经济的干预（影响程度）具有充分的理由，尤以作为利害关系人的“人民因此受到的损害，或者说作出的特别牺牲（opfer）比起公权力由此获得的利益来讲要小得多，要合算得多，是人民可以合理忍受的程度（Zumutbarkeit）”[3]。三者，虽然行政资助的授益性和对经

[1] ［英］卡罗尔·哈洛等：《法律与行政》（上卷），杨伟东等译，商务印书馆2004年版，第239页。

[2] ［美］劳伦斯·索伦：《法律词汇》，王凌皞译，中国政法大学出版社2010年版，第15页。

[3] 余凌云：《行政法讲义》，清华大学出版社2010年版，第84页。

济的干预具有宪法基础而降低了法益相称性对其的规制程度，但是如果资助决定对公共利益无益或者造成侵害，也会使资助行为归于无效。其原因在于公共利益并不排斥任何个体利益，任何组成社会的人都不应被排斥在公共群体之外。“为一个法律原则论证时，一个人必须从双方当事人的观点来考虑它的可接受性”❶，如京东商城CEO刘强东曾表示：“这个行业我认为只有民营企业才能做好。政府补贴，民营企业没份儿，国企拿了烧钱，这就是一种不公平竞争。这些钱如果补贴给民企，我相信我们可以做得更好。”❷ 显示了行业内的行政资助的公平性和实效性受到的广泛关注。虽然公共利益具有一定的综合性和抽象性，但以过于损害一部分人（利害关系人）利益的代价来增加特定人的利益的资助行为，显然无助于公共利益的整体提升。

4.3.2 法益相称性的价值基础

法益相称性的价值基础在于维护正义。一者，即使是认为法律的本质是实现目标的工具（means）的实用工具主义法学理论，也承认“当法律被创设和适用时，它的内容必定被价值锁定”❸。二者，当法律实现对国家公权力和社会发动控制作用时，必须根据一些公理来实现正义，行政资助中的正义体现在普遍性的公正，即利益的平衡，不过分侵夺一部分人的利益来加强另一部分的利益，如果必须使一部分人作出牺牲，则这部分人也应在事后得以分享另一部分人利用被牺牲的（利害关系人的）利益产生的增进利益。三者，正

---

❶ ［美］迈克尔·D. 贝勒斯：《法律的原则——一个规范的分析》，张文显等译，中国大百科全书出版社1996年版，第7页。

❷ “京东商城刘强东：电子商务只有民企能做好”，载凤凰网 http://tech.ifeng.com/internet/detail_2011_11/11/10574480_0.shtml。

❸ ［美］罗伯特·S. 萨默斯：《美国实用工具主义法学》，柯庆华译，中国法制出版社2010年版，第28页。

如庞德指出“正义被融入具体的案件之中”[1]，在资助决定中表现的正义恰在于对利害关系人的充分照顾，使在同一事业或项目上专业性或技术性更具优势的相对人不至于过分侵害利害关系人的经济利益、危害其生存、阻碍其发展，或者加剧其已处于劣势的在机会方面的不平等。虽然既存的机会不平等来自于相对人的专业或技术优势，但资助之公权力不应使之变成个人在今后凭自身努力不可克服的因素，从而破坏整体上的市场平等竞争。

4.3.3 法益相称性的社会作用

法益相称性的社会作用在于保障经济自由、维护市场竞争。一方面，“经济自由就是在经济领域个人自由的表述。个人自由就是认识到我是自身利益的最好的判断者”[2]，故而行政资助的过程应该是具有竞争性的选择过程，参与者应得到平等的机会，且资助决定不会给相对人带来相对于利害关系人的压倒性优势；另一方面，更重要的是正如韦伯指出“市场代表着理性合作的共存和结果”[3]，尽管有竞争就会有市场，但是一旦失去机会平等，竞争就会减弱，市场也就名存实亡。行政资助固然会使弱者变强、强者更强，但也会产生弱者更弱的可能，相对较强者也可能被置于机会不平等的境地。如作为深圳市的惠民工程的“流动菜车进社区”项目，市区两级政府对该项目均有补贴，总额达到4500万元以上，但是“这个让市民欢喜的流动卖菜车却让周边的小型超商和零售摊贩发愁。他们质疑流动卖菜车无店租、无税金，存在不公平竞争、扰乱市场正常交易等，并对一些流动卖菜车网点进行了抵制或抗议。一些遭到驱赶的

---

[1] ［美］罗斯科·庞德：《法律学》（第1卷），余履雪译，法律出版社2007年版，第76页。

[2] ［瑞士］T. 斯托福：《市场经济的宪法》，郑鹏程等译，中国方正出版社2009年版，第43页。

[3] ［德］马克斯·韦伯：《论经济与社会中的法律》，张乃根译，中国大百科全书出版社1990年版，第160页。

流动卖菜车不得不打起‘游击战’卖菜”。[1] 故而资助决定时的效果预期应顾及利害关系人凭自身努力、以劣胜强的期待和市场自身的发展趋势，否则“如果仅仅扩大差距的话，以隐蔽的形式发生违背规则的几率就会增大”[2]，且会使竞争者退出竞争，市场也就不再会起到促使人们选择合理的行动以实现经济效益的作用，宪政国家自此失去存在的基础，经济自由得不到展示的平台。

综上，行政资助过程中行政机关习惯于从资助效果审视裁量权行使的必要性和适当性，解决资助政策或决定的对象和数额的合理性问题，但是往往较少关注对利害关系人的最小损害问题，而涉他的授益性行政行为可以因为利益对立而被撤销或废止，如果“某一原则的不满足程度或损害程度越大，另一个原则被满足的重要性就必须越大。这一权衡法则所表示的不外乎是狭义上的比例原则”[3]。那么行政机关有责任在资助的决定过程中建立一个权衡相对人和利害关系人利益的具有正义价值的结构，这正是规制行政资助的法律体系的内在要求。

4.4 小　结

“国有严急之征，即生散不足之疾也”（《盐铁论·国疾第二十八》），行政资助利用公共财政在必要时以适当的方法对市场进行干预，与必要性原则相对应的辅助性原则之功能在于分散行政机关的资源控制力、放松管制、建立有限政府、改善公共财政之经营和尊重社会自治；超越“禁止过剩给付原则”、与适当性原则相对应的补

[1] “深圳街头卖菜车有人欢喜有人愁”，载新华网 http：//news. xinhuanet. com/politics/2011－11/29/c_ 111203749. htm。

[2] ［日］佐佐木毅：《从经济看公私问题》，崔世广译，人民出版社 2009 年版，第 8 页。

[3] ［德］罗伯特·阿列克西：《法、理性、商谈——法哲学研究》，朱光等译，中国法制出版社 2011 年版，第 220 页。

充性原则之作用在于促进公私合作、公助私成（指导）和上下交利、丰盈府库。然则在上述两组对应原则中，行政资助行为重于从行政机关对相对人的素质判断以及自身的“合目的性的观点、财政能力的考虑等所决定”❶，可能罔顾利害关系人的存在价值——“正义意味着平等”❷。虽然在行政资助中，为寻求公共利益的最大化，机会平等的限制应被抱以容忍的态度，但是利害关系人由此造成的利益损害应尽可能被减少并得以分享由其牺牲而新增的公共利益。因此，法益相称性原则使资助行为又回到正义的逻辑起点。总之，符合比例原则的行政资助不仅体现在功能的辅助性和作用的补充性所展现的成本效益对比上，其理性则存在于法益相称性原则，固然“根据整个社会最佳利益的成本收益算法来选择……以有利于最大多数人的最大福利的方式，平衡……人们的利益”❸，但是最重要的是以理性建立一种摒弃自由放任、保留合理竞争框架下的、政府指导性的经济行政法律体系，以实现行政资助的法治化。

❶ 翁岳生主编：《行政法》（上册），中国政法大学出版社2000年版，第243页。

❷ ［俄］G. 拉德布鲁赫：《法哲学》，王朴译，法律出版社2005年版，第32页。

❸ ［美］罗纳德·德沃金：《原则问题》，张国清译，江苏人民出版社2005年版，第89页。

5　法治化路径之三：正当程序原则之遵循

行政资助作为国家调节社会、干预市场的授益性和许可性的行政行为，固然受合法性原则和比例原则的规制，但是，一方面，合法性原则中法律优先原则的作用潜在并延后，法律保留原则的规制空间有限，二者之间的空隙使作为资助主体的行政机关的自由裁量权无法受到法律的及时和全面的控制，即在行政资助中以增进民主的方式对行政权的控制力度有限；另一方面，比例原则强调的仍然是行政资助是否对相对人是必需的、资助决定的内容对相对人是否是适当的以及对利害关系人是否保持了最小损害状态等问题的主观判断。正如乌尔比安在《学说汇纂》中指出“按照法律给予每个人他应得部分的坚定而恒久的意愿”，资助政策的制定或者决定作出得公正与否不能仅仅关注行政机关的内心想法或者真实意思，而是更多地取决于被资助主体（相对人和利害关系人）的合理和客观的了解和感受，即行政机关作为资助主体的目的意思和效果意思的解释和认定应根据其“意图的外在表述来进行判断”[1]。为避免资助过程中行政机关的随意性与裁量空间形成互动式的自我扩张，避免行政机关作出有利于自己的解释来违反法律、规避责任、有害公正的潜在危险，行政资助中达至正义的重要途径就是“应当对接受资助补助的主体所具有的参与权予以肯定，肯定其对行政主体的公益判断决定过程的参与，包括事前的或者事后的程序上的

---

[1] ［英］丹宁勋爵：《法律的训诫》，杨百揆等译，法律出版社1999年版，第39页。

参与权”[1]。授益性行政行为与侵益性行政行为对于行政正当程序的要求不同，程序设计应以综合节省行政成本、满足当事人参与和提升行政效能为必要，不必面面俱到，拘泥于程序之形式，但至少应遵循《行政许可法》第5条有关公开、公平和公正的原则性要求。本章涉及有关行政资助之抽象性行政行为（法规、命令、规则或规划以及政策制定），以资助决定过程中的正当程序设计为重，况且二者在程序性保障方面具有同质性。因此，本章将就行政资助中正当程序的意义以及行政机关之公正义务和说明理由义务以及资助当事人（申请人、相对人和利害关系人）之程序性权利分别加以分析和论述，后者包括听证和信息公开两项程序性制度。

5.1 行政资助中正当程序之意义

行政资助遵循正当程序的意义在于权利保障、节约事后成本、消弭救济缺陷等三个方面。

第一，权利保障。起到事业支援作用的行政资助需要行政机关及时或者迅速地制定资助政策并作出资助决定，正当程序的确有降低行政效能的可能，但是正当程序的目的本就在于当事人（申请人、相对人和利害关系人）的权利保障，而行政作为民主意志的执行者有义务在正当程序的要求下，从行政的专业性和技术性方面致力于提升行政工作的效能。

第二，节约事后成本。行政正当程序固然会增加行政成本，但是经由当事人参与所形成或者确定的资助政策或者决定以及其中的权利和义务关系，较易被当事人认可，有助于体现资助过程的信赖利益保护和比例原则，关键是“设计得当的行政程序所能获致的效益（包括行政决策的正确率提高而尊节的事后救济开支，及因行政

---

[1] 杨建顺：“论给付行政的法原理及实现手段”，见杨建顺主编：《比较行政法——给付行政的法原理及实证性研究》，中国人民大学出版社2008年版，第14页。

政策的正当性增强而节约的政策执行成本等)，胜过（大于）采行行政程序所需成本，故而能够提升整体行政效能”❶。

第三，消弭救济缺陷。行政资助不似社会保障行政，请求权之利益被视为公民之财产权，如不得行政之利益给付可通过行政复议或诉讼取得救济，而行政资助之当事人仅在实体方面具有事实性的申请权，仅在一定程度上受到信赖利益原则的保护和比例原则的照顾。对资助决定的事后救济中，行政复议因其兼有合法性审查和合理性审查尚可为之，而行政诉讼因其审查范围仅限于合法性，且法院至多也只能依据程序和职权方面的瑕疵使行政机关重做资助行为，故而资助决定之当事人通过行政救济制度取得其希望的授益的可能性极为有限，凸显了程序所赋予当事人的参与权能的重要性。

因此，兼顾行政资助过程中程序性保障的强度与可能被授予的利益对当事人的重要性，使行政机关自始作出正确的资助政策和决定，避免发生事后行政救济对于行政机关的公帑和当事人财产的花费。

5.2 公正义务

公正（impartiality)，亦即“禁止偏私”原则（rule against bias)，旨在缔造“非歧视要求的权力”❷。履行公正义务（duty to act fairy）的制度包括回避制度、合议制度和单方接触的禁止制度。目前，各地行政资助的评审过程中行政机关一般会委托会计师事务所对申请主体进行财务审计，委托专家进行专业性评审，最后由行政机关作出资助决定。虽然审计机构和专家组之会计和技术方面的调查行为直接归属于作出资助决定之行政机关，但同样应与行政机关

❶ 翁岳生主编:《行政法》(下)，中国法制出版社 2002 年版，第 945 页。

❷ ［爱尔兰］约翰·莫里斯·凯利:《西方法律思想简史》，王笑红译，法律出版社 2010 年版，第 116 页。

受到公正义务——合议、单方面接触的禁止和回避三项制度的约束。

5.2.1 合议制度

合议制度非由作出决定之行政机关与前述之审计机构和专家组共同作出决定，因为“专家有资格做你的代理人，并不意味着他们有资格做你的主人”❶，而是由行政资助政策和决定所涉及的行政机关，包括事业主管机关和参与机关（如税务机关、海关、贸易主管机关等）组成合法组织——委员会共同作出决定，该制度“不是从行政民主化的角度，而是可以从履行职务中的……专业技术性判断的必要、多个当事人的利害调整……的必要等方面来说明其设置根据”❷。如果资助决定未经合议，或者作出资助决定之委员会之组成不符合法定要件（如委员不具备法定资格），资助决定是在委员会成员的出席或议决人数未达法定标准或者多数决的标准的情况下作出的，等等，其公信力未免不足。虽然委员会的组成属于内部行政，且《行政许可法》在审查与决定一节中未加规定，但在资助决定可能有违公正且在特别权力关系亦应由法治约束的情况下，作出资助决定之合议制以及委员会的组成和议决投票标准应以法律规定，以实现《行政许可法》第5条规定之公正性要求。目前各地制定的行政资助规范性文件中已有此程序性规定，如《深圳市科技三项费用管理办法》（2004）中规定科技三项费用由市科学技术局、市财政局和发展计划局共同审批，但具体操作规程仍有待细化。

5.2.2 单方面接触的禁止制度

单方面接触的禁止制度，旨在“个人应当受到始终如一的无偏见对待……正义拒绝任何压力或影响”❸。为避免合法性、会计和技

❶［美］罗伯特·达尔：《论民主》，李柏光等译，商务印书馆1999年版，第80页。

❷［日］盐也宏：《行政法》，杨建顺译，法律出版社1994年版，第576页。

❸［美］瓦克斯：《法哲学——价值与事实》，谭宇生译，译林出版社2008年版，第59页。

术以外的因素影响行政资助决策，维护行政资助决定之公正，在资助之行政程序外的单方面——行政机关与其他当事人或其利益代表人——的接触应予以禁止，且此项义务同样适用于审计机构和专家组，并可由《行政许可法》第63、73条[1]推导出此项义务。但是在行政调查中，行政机关工作人员和委托之审计机构以及专家组为获取与资助申请有关的实体意见或者材料以及其他信息，不能避免和其他当事人的实际接触，因此行政机关和上述受托主体应将程序外的接触载明对象、时间、地点、内容等事项作成记录并和其他与当事人往来之书面文件一并归入案卷，并在必要时（当事人提出案卷阅览请求）向其他当事人（申请人、相对人和利害关系人）公开。

5.2.3 回避制度

回避制度，“避免公务员对于待决事件有利益冲突或预设立场，致其决策有‘偏颇之虞’，而影响人民对于机关决策公正的信赖（期待）”[2]。行政资助中，由行政机关所分配的公共资源与其赖以作出决定的裁量空间均较巨大，而委托之审计机构和专家组在对当事人的财务审计和技术评审过程中作出的咨询结论对行政机关的专业性决策有着较大的影响力，不仅事关当事人的信赖利益保护、获取资助的平等竞争等，也关乎对公共利益促进的目的是否能够达到。因此，作出行政资助决定的事业主管机关、参与机关的工作人员和专家组成员以及受委托之审计机构对待决之资助决定有个人（体）利益或者利害关系，或者上述人员中出现与本应持中从事的职务利益发生冲突的情况者或已有成见（prejudic）者，则难以期望形成公正的行政资助决定，有违《行政许可法》第5条之公正原则。

---

[1] 《行政许可法》第63条规定：“行政机关实施监督检查，不得妨碍被许可人正常的生产经营活动，不得索取或者收受被许可人的财物，不得谋取其他利益。”第73条规定：“行政机关工作人员办理行政许可、实施监督检查，索取或者收受他人财物或者谋取其他利益，构成犯罪的，依法追究刑事责任；尚不构成犯罪的，依法给予行政处分。”

[2] 汤德宗：《行政程序法论》，元照出版有限公司2005年版，第11页。

首先，审计机构不应在接受行政机关委托时与当事人有业务联系，至于行政机关对审计人员与被审计事业的项目负责人或工作人员是否有各种利益、亲属等联系，因审计机构的法人地位而归于私域自治而在所不问。

其次，专家组成员对评审项目的技术性和专业性事先有所了解在所难免，但不应与具体的事业发展有利益关系，同时因其以个人判断为行政机关作出咨询，故而应类比公务员制度中的回避事由和范围。

最后，行政机关工作人员的回避范围和事由最为重要。一方面，公正原则同样适用于行政决定的作出过程，但是非属法定事由并参与调查之资助决定机关工作人员在决定阶段可以不予回避。作出资助决定之行政机关往往也是日常对资助事业或涉及领域有日常监管职能的行政机关，资助申请人往往在日常与资助之行政机关因许可、指导或者处罚发生各种各样的业务联系，且在资助决定过程中受到前述机关自行或者委托进行的调查。虽然“反对偏私”要求任何人不作自己案件的法官，但是作为行政机关工作人员在工作中建立的背景知识也用于支持资助决定的作出，实际上不能期望他们不怀偏见，也不能违背专业性判断而实行类似复议的行政机关内部的审裁分离，必须明智地适当认可行政资助和其本身职责的联系，矫枉过正反而加重行政成本、降低行政效率。故而基于因职能的混合而发生的正当程序方面的冲突，不存在应回避的利害关系，资助决定机关工作人员的“事先参与将不会丧失资格”[1]。另一方面，偏私问题往往深深地隐藏在行政过程中，即使工作人员认为自己行为公平、善意和中肯，其判断和决定也可能在无意识当中受到不正当的因素影响，故而在《公务员法》规定的金钱或财产以及其他可能形成偏见（如亲属、师生、同籍、同学、监护或案件涉及）的利益之外，

[1] ［英］威廉·韦德：《行政法》，徐炳等译，中国大百科全书出版社1997年版，第109页。

还应在行政行为的过程中对偏私设定一定的判断标准。在作出授益性行政行为的过程中，根据个案的具体事实和情况，基于工作人员和当事人的个人价值观、个人的特点、身份、关系、教育背景和社会关系等作出“足以构成真正危险或真正有偏私可能性”❶ 的判断，如其可能对资助事业或涉及领域发表过不利相对人或利害关系人的具有强烈倾向性的观点，或者与资助事业的当事人、经办人、利益代表人或利益牵扯较深的人有较为密切的个人友谊或者联系。

综上，行政资助决定的公正性要求，不但契合“正义不要求任何报酬，也不要求任何赏金，从而为其自身而追求”❷，更赋予了行政机关必须以合议方式作出资助决定，同时资助决定机关的工作人员和为资助决定机关提供咨询的审计机构工作人员和专家组成员，均应履行回避和禁止单方面接触的义务，否则决定之公正性将无从保障。

5.3 说明理由义务

说明理由的义务（duty to give reasons），指作出行政（资助）决定的行政机关应该将作出该结论的理由告知相对人，以示法治下行政机关对公民的主权者地位的尊重，也称为附加理由制度或理由附记制度。在此制度中，“国民具有要求行政机关提示其针对自己主张的判断及其理由的权利”❸。一方面，行政机关作出抽象性行政行为时，如制定行政资助之财政预算、倾斜性政策规定、资助决定的判断基准等规范性文件，应在刊登政府公报、新闻媒体或网络等各种信息公开媒介时载明制定的理由以及对公民陈述意见的大致回应，如我国台湾地区“行政程序法”第 43 条规定：“行政机关订定法规

❶ ［英］彼得·莱兰、戈登·安东尼：《英国行政法教科书》（第 5 版），杨伟东译，北京大学出版社 2007 年版，第 439 页。

❷ ［古罗马］西塞罗：《论法律》，王焕生译，上海人民出版社 2006 年版，第 65 页。

❸ 杨建顺：《日本行政法通论》，中国法制出版社 1998 年版，第 847 页。

命令时，亦有说明理由之义务。”该方面的说明理由制度在我国已在行政法制体系中得以明确，如《行政许可法》第19条（设定行政许可应当听取意见说明理由）。《行政法规制定程序条例》虽未直接规定说明理由制度，但在第12条和第13条规定中蕴含了听证会以及说明情况和理由的要求，在《规章制定程序条例》第15条中亦有听证会和说明理由之规定，虽然两部行政法规规定之说明理由程序均在报送审查阶段，且非公诸人民，但结合其内容有听证会之规定，则说明理由制度已在其中反映。当然，对抽象性行政行为的说明理由义务的要求较低，具有一定的概括性、综合性和抽象性特征，有关行政资助的政策制定也不例外。另一方面，虽然《行政许可法》第38条、《行政处罚法》第31条、《行政强制法》第18条和第36条中均对说明理由制度加以明确规定，但在行政机关作出具体行政行为之资助决定时，由于其授益性，说明理由制度所表现出的特征和对资助决定的作出提出的要求也颇具特征。

5.3.1　说明理由的对象范围

原则上，任何行政决定的作出，行政机关都应该说明理由，使相对人和利害关系人知道决定作出的法律依据、决定的内容和决定过程中行政机关所考虑的各种因素，便于其在寻求行政救济的时候能够有效地对行政行为的合法性和合理性提出质疑，以维护其权利。在行政资助中，资助决定机关应向以下两种主体说明理由。一者，与资助申请预期不符的相对人。取得行政资助的相对人从行政机关取得了公共利益的特殊照顾，一般情况下不会引起行政纠纷，但是如有相对人在对资助政策之理解或对规范性文件中的资助标准的认识方面与资助决定机关产生了分歧，并认为资助决定中授予的利益与其预期有差距而向资助决定机关提出说明理由之要求，则资助决定机关应予满足。二者，申请而未取得资助的利害关系人。行政资助的决定过程对申请人而言是一个竞争的阶段，行政机关虽然根据专业性和技术性的因素作出资助决定，但其判断过程是否具有平等之价值，应经得起申请人的质疑。因此，向对资助决定不满意的相对人和利害关系人（未取得资助的申请人）说明理由的旨意在于“确保行政厅判断的慎重、合理性，抑制其随意性，保障公正性”❶。

5.3.2 说明理由的时机

虽然“程序的正当过程的最低标准是：公民的权利义务将因为决定而受到影响时，在决定之前他必须有行使陈述权和知情权的公正的机会”❷，但是程序性设计的标准却不能只考虑正义，还应顾及行政机关的工作效率。一者，行政资助的授益性决定了它对公民的利益的助成作用，而非类似行政处罚、行政征收或行政强制，对公民的权利有限制性的影响作用，申请人接受资助即表明了他对决定的认可和无须事后救济，则无须说明理由；二者，以深圳市为例，从1998年至2003年市科技信息局共安排1878个科技三项费用项目❸，后逐年增长，如果对已决定或拟决定资助之决定或未批准之资助决定均加以说明理由，其公帑之浪费将极为惊人，且对资助申请的调查过程当中积累的有关申请人财务审计、项目可行、技术评审的案卷记录已足以支撑资助决定的合理性与否；三者，不说明理由对不满意之相对人或者申请人仅产生事实性的作用，不妨碍其事后寻求行政救济，如其不要求行政机关说明理由则其有放弃权利之自由，或者直接进行申诉、申请复议或者提起诉讼，则在申诉、复议和诉讼过程中行政机关的举证就蕴含或者替代了说明理由。因此，

---

❶ ［日］室井力主编：《日本现代行政法》，吴微译，中国政法大学出版社1995年版，第183页。

❷ 季卫东：《法律程序的意义——对中国法制建设的另一种思考》，中国法制出版社2004年版，第38页。

❸ “2005年第1号（总第001号）：深圳市科技三项费用绩效审计结果”，载深圳审计信息网2005.3.21，http：//www.szaudit.gov.cn/sjyegz/bggk/jggg/200807/t20080725_1165114.htm。

对于授益性的资助决定，只要行政机关将资助审批之结果公布即可，无须针对资助决定或不予资助的决定逐一进行理由说明，做到“有求必应”即满足了正当程序的要求。

5.3.3 说明理由的内容

说明理由程序的主要工作是反映资助决定过程中认定的事实及适用的法规和标准，则其内容应是行政机关对申请和调查中的全部事实和证据的斟酌结果，包括其依理论和经验对事实真伪的判断——形成法律事实，和在法律证据和决定之间建立的论证关系，以及相应的法律解释。一者，申请人提供的事实是客观性不可全得的事实，通过行政资助中的工作程序——收集、保管、分析和质证，采用和排除证据，则被证明真伪之事实即可引起资助与否的法律后果，成为“适法事实，即可进行法律评价的事实；是案件事实，即基于此可作出法律判断的事实”❶。二者，资助的决定过程是在法律证据的基础上对最终结果进行论证的过程，资助决定的确定力和执行力来源于此过程产生的说服力，反映出“行政官员不仅仅是通过固定的法律概念下的涵摄来发现和证立其裁判的，而且，他们也立足于自己独立进行评价”❷。三者，对于资助申请的经验性考察和规范性考察都会反映出陈述性的描述和规范性陈述之中不同的意义，资助决定的实效性和有效性之间也存在着互动关系，如果缺乏程序上的形式性以及对理由说明的要求，不确定的法律概念“可能会极大地增加不确定性以至于使规划的成本变得很高甚至使规划成为不可能”❸。

综上，行政机关在行政资助中就说明理由义务在对象和履行时

---

❶ 郑永流：《法律方法阶梯》，北京大学出版社 2008 年版，第 41 页。

❷ ［德］罗伯特·阿列克西：《法律论证理论——作为法律证立理论的理论论辩理论》，舒国滢译，中国法制出版社 2002 年版，第 23 页。

❸ ［美］阿德里安·沃缪勒：《不确定状态下的裁判——法律解释的制度理论》，梁迎修译，北京大学出版社 2011 年版，第 85 页。

机（能动性）选择方面表现出一定的消极性，既出于行政资助的授益性考虑，也出于行政成本的节约。虽然“国家负有法律上的义务，不得进行任何干涉个人自治性的活动”❶，但是不等于行政机关可以不在资助决定过程中辨明事实、论证决定之依据和对适用法律进行解释，因此，“躲”在行政资助决定背后的说明理由制度仍然对行政机关施予了上述要求。

5.4 听证权

听证权（right to be heard，right to hearing）用之于有关行政资助之立法或者行政机关作成有关行政资助之抽象行政行为时，以听取各方意见为目的，听证获取之公众信息，作为监督政府之资助政策和制定相关规范性文件的参考；在资助决定这一具体行政行为的作出过程中被视为行政行为决定前之参与程序，“程序之繁简，除配合事件性质外，自应与事件之轻重成比例”❷。一方面，行政机关有根据资助事项和金额以及社会影响等因素决定听证采取要式主义或非正式听证的裁量权；另一方面，授益性的资助决定过程中，只要给予一部分当事人，如对资助决定不满意之相对人和未取得资助的利害关系人陈述意见之机会，尽管行政机关可以不受听证的“结论”或者意见所拘束，但最终之决定只要能够体现对听证时所收集的当事人之意见、建议或见解的影响，并避免手续之烦琐造成资助决定拖而不决对自身实施效果的预期的减损、对公共财政造成不必要之浪费并影响行政工作效率，听证采取非正式程序未尝不可。

5.4.1 权利主体

行政资助行为虽系当事人申请发动，但其性质仍属行政机关单

---

❶ ［法］狄骥：《法律与国家》，冷静译，中国法制出版社 2010 年版，第 15 页。

❷ 李震山：《行政法导论》，三民书局 2007 年版，第 281 页。

方面决定之行为。一者，鉴于“在现代国家，国家机关作成于人民本身权益有关之决策，应给与人民参与之机会，方符民主之原则”❶，资助决定涉及之权利和利益应属正当程序之庇护范畴；二者，出于行政工作效率的考虑，经过行政调查后，行政机关为慎重起见，可以在作成资助决定前先通知、再听证、后决定，也可作出决定后再根据申请举行听证，但应避免行政资助所能发挥的对市场主体的助成和指导作用会在多余的工作程序（延迟）中消磨殆尽；三者，从资助的指导范围方面分析，未提出资助申请的人也可被认为具有广泛意义的利害关系，但是“需要听证的行政行为必须是实际上或者必然要侵害参加人的权利，事实上的利害关系不足以成为举行听证的理由”❷。故而以是否存在利害关系为行政机关决定举行听证与否的判断标准（受理申请之后）。

因此，行政资助决定作出前后对（拟）资助决定不满意之相对人和利害关系人可以向行政机关申请听证，至于决定之相对人（满意）也可以通过申诉方式向行政机关提供对资助决定的考察标准、工作程序、资助数额等的建议。

5.4.2 举行听证之义务

目前，中国行政法制体系中尚无行政程序法，对行政资助决定之程序亦无明确和具体的法律规定。一般而言，授益性的行政资助决定，行政机关“拒绝作出授益性行政行为并不构成对关系人权利的侵害，因为这只意味着参加人没有得到其现行法律地位之外的其他东西”❸。但是，庞德指出：“解释就是通过某个特殊情形下适用

---

❶ 吴庚：《行政法之理论与实用》（第8版），中国人民大学出版社2005年版，第36页。

❷ ［德］汉斯·J. 沃尔夫等：《行政法》（第2卷），高家伟译，商务印书馆2007年版，第229页。

❸ ［德］汉斯·J. 沃尔夫等：《行政法》（第2卷），高家伟译，商务印书馆2007年版，第228页。

某个律令规则来明确该规则的内容。”[1] 通过对现有法律资源的挖掘，行政资助从某种程度上可以被认为是对公共资源的特许使用。

首先，行政资助决定应被视为特许。一者，公共财政来自于公民履行公法上的给付义务，公民通过立宪和制定法律使国家取得其存立所必要的物质基础，并授权行政对其进行管理和经营。对社会和公民而言，公共财政是提高社会福祉和个人福利的稀缺性的资源。二者，行政资助的给付不具有普遍性，它只无对价地给予符合行政裁量标准的相对人。对于相对人，资助决定是行政机关在公共资源的占有、使用、收益上为其“设定特定的权利……称为特许”[2]。三者，根据《行政许可法》第 12 条[3]，公共资源配置属于需要赋予特定权利的事项，则其应适用该法第 47 条[4]，申请人和利害关系人享有听证的权利。

其次，举行听证之义务存在于“拟资助决定”公示后、决定作出前。行政资助因可被视为许可而应适用《行政许可法》第 47 条，课予资助决定机关以事先听证的义务。一者，拟资助决定虽未能向申请人一一告知，但公示仍应被视为资助决定机关向申请人和利害关系人羁束性履行通知义务，故符合第 47 条之告知要求；二者，该条肯定了在拟行政资助决定公示之前，行政机关根据申请和调查进行的研讨属于准备性的工作程序活动，不应举行听证；三者，第 47 条将行政机关举行听证的义务局限在拟许可公示之后、决定作出以前，决定作出之后不满意资助决定之相对人和未取得资助之申请人

---

[1] ［美］罗斯科·庞德：《法律学》（第 1 卷），余履雪译，法律出版社 2007 年版，第 133 页。

[2] ［日］南博方：《行政法》（第 6 版），杨建顺译，中国人民大学出版社 2009 年版，第 39 页。

[3] 《行政许可法》第 12 条第 2 项规定：“有限自然资源开发利用、公共资源配置以及直接关系公共利益的特定行业的市场准入等，需要赋予特定权利的事项。”

[4] 《行政许可法》第 47 条规定：“行政许可直接涉及申请人与他人之间重大利益关系的，行政机关在作出行政许可决定前，应当告知申请人、利害关系人享有要求听证的权利；申请人、利害关系人在被告知听证权利之日起五日内提出听证申请的，行政机关应当在二十日内组织听证。”

（利害关系人）似不拥有听证的申请权。此时，行政资助毕竟要出于行政工作效率考虑，为“授益目的”的完成创造条件。因此，行政机关可以基于行政资助之裁量权对举行听证的义务加以修正，决定作出前只要在外观上显示了对申请人的申诉加以处理即可，是否举行正式或非正式听证的形式不论，此时的当事人意见表达未得完全满足的问题留待资助决定作出后解决。

最后，决定作出之后，行政机关对当事人也应负有举行听证的义务。决定作出后应对不满意资助决定之相对人和未获得资助的利害关系人的听证要求予以满足，以弥补由行政工作效率造成的事先程序性权利的保障不足的问题，但行政机关仍可根据情况自行决定采取正式或非正式的听证形式。一方面，尽管资助决定作出后许可性的行政行为已经成立，但是对于不满意资助决定的相对人仍可以依据《行政许可法》第 49 条[1]申请变更许可，此时听证可满足第 49 条规定的行政机关对听证要求是否符合法定条件、标准的判断权，那么是否进行听证则不在资助决定机关的自我判断权限内；另一方面，处于不利地位的利害关系人（未取得资助的申请人）如果能够提出新的事实并被行政机关认可，抑或利害关系人指出行政机关在作出决定的过程中（包括公示后的听证）中存在的实体性或程序性瑕疵，其性质已属申诉，又等于行政机关发现新的事实。从保护其他当事人的参与权考虑，不仅为其提供表达意见的机会，而且使行政机关能够了解并认真考虑其他当事人的意见（新的陈述），行政机关可以将资助决定后的听证申请视为新的资助决定的作出过程，但资助决定机关有决定听证形式的裁量权。

因此，资助决定过程中，行政机关举行听证的义务既存在于《行政许可法》第 47 条之规定，也存在于资助决定作出后，由其视

[1] 《行政许可法》第 49 条规定：“被许可人要求变更行政许可事项的，应当向作出行政许可决定的行政机关提出申请；符合法定条件、标准的，行政机关应当依法办理变更手续。”

必要情况决定听证的形式，至于是否有必要采取正式听证形式则由行政机关根据当事人的请求和其他情况以及听证申请与行政机关的义务的联系的紧密程度裁量决定。

综上，行政资助决定过程中的听证不仅是行政机关与相对人和利害关系人之间为利益授予而进行的言辞或非言辞的辩论过程，体现了“法律程序（legal process）像市场过程一样，它的施行主要有赖于为经济私利所驱动的私自个人（private individuals），而不是利他主义者或政府官员”[1]。更重要的是，人民在听证中所取得的主体性和能动性，使行政摆脱了以往单向、命令、控制性的威权主义色彩，促使内部行政与外部行政互相配合，“架构政府与人民互动基本关系的核心”[2]。

5.5 信息公开制度

信息公开制度是正当行政程序的重要内容之一，其目的在于“颠倒行政机关自我保护的立场”[3]。在行政资助中，信息公开制度一方面给予那些未提出申请却对行政资助政策同样关心的人以及仅仅对资助涉及事业抱有好奇的人以回应，保障公众知情的权利；另一方面，为便利申请人共享及公平利用有关资讯，增进其他当事人（相对人和利害关系人）对资助事务的了解，促进行政资助行为对信赖利益保护的遵循以及为民主监督和参与创造了条件。正当行政程序尽管已经广泛适用于干涉行政和给付行政等行政法的各个领域，但是正如“行政程序这样一种容器是否有必要根据所放入的物品的差异而有所变化。换言之，这涉及行政程序与行政领域相关性的问

[1] ［美］理查·波斯纳：《法律经济学》，蒋兆康译，五南出版有限公司2010年版，第445页。

[2] 叶俊荣：《面对行政程序——转型台湾的程序建制》，元照出版有限公司2010年版，第205页。

[3] ［美］伯纳德·施瓦茨：《行政法》，徐炳译，群众出版社1986年版，第121页。

题，这是在确立行政程序后应当考虑的问题”[1]。回答是肯定的，行政资助中的信息公开（正当程序）的法律依据、对象、作用和内容方面均须加以明确。

5.5.1 行政资助信息公开的法律依据

商君有云：“法必明、令必行。”（《商君书·画策第十八》）一方面，有关行政资助之抽象性行政行为应以及时公开在我国现行的法制体系中有规则可循。《立法法》第52、62、77条和《行政许可法》第46条[2]可资依据，尤其是《政府信息公开条例》第10条[3]，既将规定资助政策和具体实施资助的其他行政规范性文件纳入主动公开的范围，同时有关资助的财政信息均可作为国民经济和社会发展专项规划、统计信息、财政预算和决算报告、重大建设项目的批准和实施情况等成为行政机关信息公开义务的履行对象。另一方面，行政资助决定信息应依据《行政许可法》第40条[4]公开，使公众有权查阅。虽然《政府信息公开条例》属行政法规，而非狭义之法律，但是在中国法制中（《立法法》第56条），它的实施却也代表着一种法治发展的倾向，即“干预型国家”[5] 的来临并不代表行政行为

---

[1] ［日］大桥洋一：《行政法学的结构性变革》，吕艳滨译，中国人民大学出版社2008年版，第169页。

[2] 《行政许可法》第46条规定：“法律、法规、规章规定实施行政许可应当听证的事项，或者行政机关认为需要听证的其他涉及公共利益的重大行政许可事项，行政机关应当向社会公告，并举行听证。”

[3] 《政府信息公开条例》第10条规定：“县级以上各级人民政府及其部门应当依照本条例第九条的规定，在各自职责范围内确定主动公开的政府信息的具体内容，并重点公开下列政府信息：（一）行政法规、规章和规范性文件；（二）国民经济和社会发展规划、专项规划、区域规划及相关政策；（三）国民经济和社会发展统计信息；（四）财政预算、决算报告；（七）行政许可的事项、依据、条件、数量、程序、期限以及申请行政许可需要提交的全部材料目录及办理情况。”

[4] 《行政许可法》第40条规定：“行政机关作出的准予行政许可决定，应当予以公开，公众有权查阅。”

[5] ［法］让·里韦罗、让·瓦利纳：《法国行政法》，鲁仁译，商务印书馆2008年版，第19页。

的目的转变为加强管制，反而使信息公开——正当程序之义务随着行政须满足的公共利益的扩大而扩大，促使行政机关越来越致力于向公众提供信息，行政资助的有关信息显然亦在其中。

5.5.2 行政资助信息公开的对象和内容

如果仅仅从行政资助信息公开的内容进行分析，则依据《政府信息公开条例》第 8 条之“三安全一稳定”条款[1]和第 14 条第 4 款[2]之“国家秘密、商业秘密和个人隐私”排除条款处理即可。上述规定过于笼统，其涉及之行政法之本质无外乎比例原则的适用，即“应符合行政目的与人民之程序利益”[3]。但是，如果从行政资助信息公开的对象分析，则不同的对象具有不同的权利背景并有不同的公开内容。

首先，对于公众而言，基于其对行政机关在公共行政中产生的信息的知情权，行政机关有义务公开相关信息。一方面，公众的知情权由人民主权原则和表达自由这一基本权利推导而来，在于“积极地要求政府公开资讯的权利”[4]，《行政许可法》第 40 条也明确规定许可决定应予公开，公众有权查阅；另一方面，不特定主体的知情权虽是对公共利益加以维护的权利，但不能侵犯国家秘密和私域之信息，如行政资助决定过程中涉及的商业秘密和个人隐私。因此，对于公众应公布的资助信息应在于资助政策和决定的外观上的信息，尤其是项目方向、标准、名称和资助金额应为重点，而公众是否与此类信息有生产、生活或科研方面的联系在所不问，但从目前各地资助信息公布的常态看，鲜有具体之金额公布，如 2010 年深圳市科

---

[1] 《政府信息公开条例》第 8 条规定：“行政机关公开政府信息，不得危及国家安全、公共安全、经济安全和社会稳定。”

[2] 《政府信息公开条例》第 14 条第 4 款规定：“行政机关不得公开涉及国家秘密、商业秘密、个人隐私的政府信息。”

[3] 黄俊杰：《行政法》，三民书局 2005 年版，第 483 页。

[4] ［日］松井茂记：《媒体法》（第 2 版），萧淑芬译，元照出版有限公司 2004 年版，第 23 页。

技研发资金科技成果应用示范计划资助项目（第二批）公示❶，显然使用公共资金的政策性资助无关乎相对人的商业秘密，而与资助决定之合法和公正息息相关。

其次，对于资助决定的当事人——相对人和利害关系人而言，除其应以知情权为基础了解上述公共信息外，其基于卷宗阅览权应了解与其本身有关的资助决定的信息。所谓卷宗阅览权，在外观上与前述之“公开”无异，但其作为程序权利的特定性为知情权所不具备。一者，权利主体特定，仅限于资助决定之当事人。二者，对象特定，即资助决定过程中由行政机关掌握的私人信息和由私人信息产生的并与当事人有关的行政机关据以作出裁量判断的信息，此类信息不作为信息公开的对象而任由公众随意取得，公众如对特定资助决定有疑问，则应提出信息公开之申请或在行政机关对申诉的裁量性回应中取得有限的信息。三者，其他当事人之间的卷宗阅览权也有不同的限制。相对人可以阅览本案卷中不涉及国家秘密和他人的商业秘密和个人隐私的信息，而利害关系人则不能阅览案卷中有关国家秘密、涉及相对人和他人之商业秘密以及个人隐私之内容，其卷宗阅览权受到的限制较相对人为多。

行政资助信息的公开与对资助行为的卷宗阅览权，虽均为“公开”，实为两种互相联系的行政正当程序制度，行政正当程序所应关注者为基于公众知情权的资助信息公开。虽然行政机关对资助信息的公开范围要根据权利主体的不同加以决定，但无论何种“公开”，行政机关均需要对信息进行保密式和排除性的分割，最重要的是以权利主体的“以主张或维护其法律上利益有必要者为限”❷。

综上，由于行政资助是行政机关通过对市场主体的授益而起到引导经济发展、控制经济运作走向的作用，为了使干预性行政行为

---

❶ “2010年市科技研发资金科技成果应用示范计划资助项目（第二批）公示”，载深圳市科技创新委员会网 http://www.szsti.gov.cn/info/finance/2/4。

❷ 黄俊杰：《行政程序法》，元照出版有限公司2010年版，第99页。

和公共资源的分配不至于从根本上破坏市场主体的实质平等（条件平等），一方面，知情权作为工具性自由的类型之一，公共信息的“透明性保证所涉及的，是满足人们对公开性的需要，在保证信息公开和明晰的条件下自由地交易”❶。另一方面，行政机关所要维护的市场经济之根本——“竞争能够有效发挥作用的前提条件是市场主体能够最大限度地获得影响市场的重要因素的信息……联邦政府补贴报告。从经济信息的角度来说，国家有义务向公众尤其是经济界提供经营决策必须的信息”❷。

5.6 小 结

对于高权行政，正当程序已经对其建立起严格控制的权利架构，但是当社会国家兴起之后，伴随着行政机关承担的服务职能的扩张，也显现出行政机关作出授益性行政行为的裁量空间远大于干涉行政，正因为“在程序保障涉及政府授益的情形中，表面上虽然是两极对抗的程序问题，但在这之下恰恰潜伏着行政机关的分配决定”❸。管子曰：“与天下同利者，天下持之；擅天下之利者，天下谋之。”（《管子·版法解（第六十六）》）国家之治理往往陷于后者，故而行政法制体系不得不在行政资助中将正当行政程序提升到足以与正义相匹配的高度。不仅在与行政资助相关的抽象性行政行为中遵循正当程序，“俾使全国国民有预知及表达意见之机会”❹，更应在具体之资助决定的作出中严格遵守正当程序之各项要求。一方面，行政

❶ ［印度］阿玛蒂亚·森：《以自由看待发展》，任赜等译，中国人民大学出版社2002年版，第14页。

❷ ［德］乌茨·施利斯基：《经济公法》，喻文光译，法律出版社2006年版，第125页。

❸ ［美］理查德·B. 斯图尔特：《美国行政法的重构》，沈岿译，商务印书馆2002年版，第76页。

❹ 谢芙美：“立法院修改宪法之议事程序”，见“立法院法制局”编印：《宪政制度与阳光法案之研究》，2004年版，第27页。

机关必须履行回避、单方面接触之禁止和合议决定之义务，使资助之申请人能够信赖行政机关之公正，使资助的竞争性得以保证；另一方面，行政机关应该满足资助之当事人的要求说明理由的权利、听证权、知情权和卷宗阅览权。虽然行政正当程序对资助决定过程的公正性和公平性的要求不仅限于上述程序性安排的完成，但是这些程序性的关键节点不仅能够促使资助政策和决定的合理性达致，更体现了这一民主精神——“人民的方案不应该从上面交给人民，然后由人民加以接受，它应该是人民的产品”❶，从而构成行政资助法治化的路径之一。

❶［法］马里旦：《人和国家》，沈宗灵译，中国法制出版社2011年版，第58页。

6 法治化路径之四：行政资助合理性之评估

行政资助是行政机关除经济规制、经济活动的限制之外介入市场的手段，经济行政以实现合法化的经济政策为目的，却不仅要解决对于多元利益进行调配的公平性问题，也需要在资助政策制定和决定作出中解决当事人和公众的利益均衡并合理满足资助需求的症结。因此，“基于输出的评估则检查政府组织的活动及其项目效果。这个评估方法被认为是一种理解项目对公众福利真正贡献的更好的工具”❶，评估越来越广泛地被运用于行政资助。1993 年美国国会通过《政府绩效和结果法》（GPRA），绩效评估的主体范围纳入支持基础研究的联邦机构，1997 年日本科学技术会议通过《国家研究开发评价实施办法大纲指针》建立日本的开放性资助评价体制；在中国，对资助政策和决定进行评估的法制体系自 2002 年科技部、财政部、国家计委、国家经贸委联合发布《国家科研计划课题评估评审暂行办法》（国科发财字 2002 第 165 号文）开始逐步建立，2003 年 8 月科技部发布《科学技术评价暂行办法》；各地方的立法评估（包括行政资助政策评估）在经历立法清理—评估阶段之后，迅速进入立法前—后评估（效果）阶段，评估内容不再包括合法性审查，而专以规制效果测评为任，且将对效果的评测从立法施行后延伸到立法制定过程中，立法评估开始成为纯正的对实施效果进行的预估和

❶ ［美］盖依·彼得斯：《美国的公共政策——承诺与执行》，顾丽梅等译，复旦大学出版社 2008 年版，第 220 页。

评价。2008 年 8 月《深圳经济特区科技创新促进条例》第 14 条规定“建立和完善财政科技经费投入绩效评估机制。市科技主管部门应当会同有关部门制定科技项目评估标准，完善科技项目验收机制”；2009 年 7 月，深圳市政府通过《深圳市政府绩效评估与管理暂行办法》和配套的《绩效评估与管理指标确定及数据采集规则》、《绩效评估与管理方法和程序操作规则》、《绩效评估与管理结果运用规则》“1 + 3”系列文件，在全国率先立法确立绩效评估在政府管理中的地位和作用❶；2010 年深圳市政府公布《深圳市 LED 产业发展规划（2009 ~ 2015）》，对 LED 产业巨大的经济效益和社会效益进行了预先评估；2011 年 4 月深圳市科工贸信委对该规划的年度实施情况进行了后评估❷，从而使行政资助方面的立法评估制度在地方（特区）立法和实践层面得以确立。正如商君指出“见本然之政，知必然之理……法必明，令必行”（《商君书·画策第十八》），而之所以能够明法而后治，在于评估方面“对概念和抽象原则之至高无上性的坚定不移的信念”❸。因此，厘清资助立法评估制度（以下简称资助评估）的定义、意义、法律依据和其他制度的区别是综合研究该制度的基础。对于行政资助之评估分为对具体资助决定之特定评估和对资助之法律、法规规章和政策性文件的全面评估，前者之评估是后者在数理分析方面的材料基础，但后者对于行政资助决定的合理性有着基准性的作用，并为资助决定中当事人的申请权较少能获得救济的情况加以弥补，为申请人取得其满意的权利外利益增加间接性的途径，且由于具体资助决定中相对人的权利的极其有限性，故本章主要讨论对象为资助法律和抽象性行政行为的效果评估。

---

❶ 参见深圳市人民政府关于印发深圳市政府绩效评估与管理暂行办法等“1 + 3”文件的通知（深府〔2009〕153 号）。

❷ “深圳 LED：2011 再给力”，载大公报网 http://financc.takungpao.com/。

❸ ［德］鲁道夫·冯·耶林：《法学的概念天国》，柯伟才、于庆生译，中国法制出版社 2009 年版，第 12 页。

6.1 行政资助评估制度的含义

学者郑宁将行政立法评估界定为“法定评估主体依照一定的标准、方法和程序估计和评价行政立法即将产生或已经产生的潜在或实际的影响，从而为决策者制定、修改、废止或维持该行政立法提供参考依据的制度”[1]，其中蕴含评估的主体、对象、内容、效力和时间等含义。时间方面，立法评估可在立法之审议前和实施后两个阶段启动，前者为前瞻性评估，对立法即将产生的潜在影响进行预测，即“前评估”，其意义在于“即使一个关注治理之道德事项的理论家，也必须把关于可行性的问题纳入考虑之中”[2]；立法公布并实施之后为回溯性评估，对已经显现的或实际发生的规制效果进行分析[3]，即“后评估”，起到“从事后视角出发……这个规则是否公正?”[4] 的作用。“前评估”与“后评估”在评估之主体、对象、内容、效力等四个方面均无不同，立法评估之核心含义正在于此四者，资助评估亦是如此。

6.1.1 评估的主体和对象

依据评估主体之差异，资助评估有广狭义之分。于立深先生认为：“广义的立法后评估指任何主体对在立法实施一段时间后，运用多种方式分析和评价立法所取得的成效和发挥的作用、存在的问题等；狭义的立法后评估则指法定评估主体按照法定权限和程序，运

---

[1] 郑宁：《行政立法评估制度研究》，中国人民大学法学院2008博士学位论文，第14页。

[2] ［英］罗素·哈丁：《自由主义、宪政主义和民主》，王欢等译，商务印书馆2009年版，第350页。

[3] 于立深译：“美国管制计划与审查”，载《行政法学研究》2003年第3期，第86~94页。

[4] ［美］劳伦斯·索伦：《法律词汇》，王凌皞译，中国政法大学出版社2010年版，第15页。

用一定的方法对颁布实施一段时间的立法的协调性、可操作性和有效性等进行分析评价的活动。”[1] 狭义之评估主体仅指“法定主体”，即有权制定法律、地方性法规和决定、决议等规范性文件之立法机关和有权进行行政立法和制定其他行政规范性文件之行政机关[2]，广义之主体包括前者和社会团体、公众、媒体等对各种规范性文件的制定和实施进行的效果预测和评价，本书取狭义之主体含义并根据不同主体分析资助评估之对象。

首先，作为法定资助评估主体的立法机关及其评估对象。正如奥斯丁指出：“如果类似的积极行为……而且具有普遍的性质，那么，对一般性的社会幸福或善，它们将会产生怎样的效果?”[3] 全国人大及其常委会以及地方各级人大及其常委会在行使《宪法》、《立法法》、《地方各级人民代表大会和地方各级人民政府组织法》（以下简称《地方组织法》）赋予之权力时必然面临着以法律与社会和公民之间的适妥度为核心的社会效果评估问题。一者，全国人大作为立法机关（《宪法》第62条），当其行使修宪权、宪法监督实施权、计划和预算及执行情况的审查和批准权、立法权（制定和修改刑事、民事等基本法律）和决定权时，其评估对象包括宪法、法律和决定，有关资助之财政支出应属于其评估范围，如全国人大财经委员会副主任贺铿说“绝对不能再搞‘四万亿’投资”[4]，就是对2008年11月国务院的刺激内需计划实施的否定性后评估结果；二者，作为立法机关的常设机构，全国人大常委会行使《宪法》第67

[1] 于立深：“行政立法后评估制度研究”，载《政府法制研究》2006年第3期，第14~16页。

[2] 最高人民法院和最高人民检察院就适用法律作出的司法解释虽是非制度法的法源，却也是我国法制发挥社会规制作用的一种特殊形式，其本身也面临着“立改废”的问题，故包括司法解释在内的由立法机关和行政机关作出的所有法律解释都存在评估问题，但与立法评估具有同质性，故本书对此不作进一步论述。

[3] ［英］约翰·奥斯丁：《法理学的范围》，刘星译，中国法制出版社2002年版，第51页。

[4] “全国人大财经委副主任委员贺铿谈当前经济形势与转变经济发展方式”，载人民网 http：//live. people. com. cn/bbs/note. php？ id = 19100818131709_ ctdzb_ 062。

条规定之宪法和法律的解释权、监督宪法实施权、立法权（制定和修改除应当由全国人民代表大会制定的法律以外的其他法律）、计划和预算调整的审查和批准权、审查（行政法规、地方性法规、自治条例和单行条例）权和检查（法律法规实施情况）权❶时，其评估对象为宪法、法律、行政法规、地方性法规、自治条例和单行条例、国务院之决定和命令，对于资助之有关法律的执行和调整的执行情况评估亦属其分内之事；三者，地方各级人大及其常委会根据《宪法》第99、100条，《立法法》第63条和《地方组织法》有关规定，行使地方性法规的制定和修改权，决议的改变或者撤销权（或撤销权），规章、决定和命令的撤销权，计划和预算及执行情况的审查和批准权，地方重大事项决定权，检查（法律法规实施情况）权时，其评估对象为有关资助之地方性法规、本级（县级以上）人大常委会和下级人大及其常委会的决议、本级政府的决定和命令。综上并根据《立法法》第88条，立法机关是法定的资助评估主体，其评估对象范围包括有关资助之法律、地方性法规和行政机关的抽象行政行为（行政立法和其他行政规范性文件）。

其次，作为法定资助评估主体之行政机关及其评估对象。行政国家向法治国家的转化不仅是在扩大政府权力的过程中对其施以法律的控制和制约，还须顾及社会和经济的发展所必需的秩序的确立和保障对行政权提出的要求，正如法默尔指出："职能自然会导致对实践的评价。程序管理者或行政管理者——作为专业研究人员，作为行政者，作为一定行政语境中的实施者，作为能使行政实体产生应有的效果的职能者——的功能与目标受到高度评价"❷，因此，行政机关应对自身所为之资助性的抽象性行政行为的社会效果具有清醒的认知。一者，国务院根据《宪法》第89条和《立法法》第56、

❶ 参见《各级人民代表大会常务委员会监督法》第四章。

❷ ［美］戴维·约翰·法默尔：《公共行政的语言——官僚制、现代性和后现代性》，吴琼译，中国人民大学出版社2005年版，第95页。

88 条行使行政法规之制定权，对部门和地方政府的规章、决定、命令和指示有改变和撤销权，故其评估对象为上述资助性行政法规、规章和其他行政规范性文件；二者，国务院之部委和具有管理职能的直属机构根据《宪法》第 90 条和《立法法》第 71 条，有规章制定权，命令和指示的发布权，故其评估对象为资助性部门规章和其他行政规范性文件；三者，地方政府根据《立法法》第 73 条、《地方组织法》第 59 条有规章制定权，决定和命令的发布权，对下级政府和所属部门的规章、决定、命令和指示的改变和撤销权，故地方政府的资助评估对象包括其本身或下级政府制定的资助性的规章和其他行政规范性文件，制定资助性的其他行政规范性文件的主体有权对其进行评估。综上，行政机关是法定评估主体，其评估对象范围为资助性抽象行政行为之行政法规、规章和其他行政规范性文件，且根据《行政许可法》第 20 条[1]，无论具体实施或者在资助性法律范围内具体决定资助之事业范围的行政机关对于资助之法律、法规、规章和政策性文件均有权进行评估，并向立法机关和有关行政机关报告。

最后，第三方机构是法定资助评估主体，其评估对象范围取决于委托之公权力主体的权限。2011 年 5 月北京市人大常委会委托第三方对《北京市实施动物防疫法办法》进行第三方评估[2]，2011 年 10 月湖北省人大常委会邀请第三方机构参与对《湖北省城市市容和环境卫生管理条例》和《湖北省实施〈中华人民共和国职业教育法〉办法》两部地方性法规中 12 个重点条款的立法质量进行评估[3]，可见

---

[1] 《行政许可法》第 20 条规定："行政许可的设定机关应当定期对其设定的行政许可进行评价；对已设定的行政许可，认为通过本法第十三条所列方式能够解决的，应当对设定该行政许可的规定及时予以修改或者废止。行政许可的实施机关可以对已设定的行政许可的实施情况及存在的必要性适时进行评价，并将意见报告该行政许可的设定机关。"

[2] "北京委托第三方进行立法后评估"，载凤凰网 http://news.ifeng.com/mainland/detail_2011_05/14/6391434_0.shtml。

[3] "湖北省人大常委会邀请第三方机构参与立法质量评估——增强法规公平减少权力寻租"，载中国人大网 http://www.npc.gov.cn/npc/xinwen/dfrd/hubei/2011-11/10/content_1679601.htm。

“评估方法的多样性势必要求政府部门满足公民的积极参与和评估过程透明化的要求，这是行政民主化的发展规律”。❶

一者，第三方评估具有行政委托之性质。国家行政一般指国家行政机关从事的执行与管理的活动，但是从形式意义的行政而言，具体分析各个国家机关的具体活动，国家的立法机关、行政机关、司法机关都有部分活动具有行政性质，正如李震山教授指出：“行政权外之立法权及司法权中，并非皆无行政可言。譬如：立法权中之预算事务计划、立法院职员的调迁，或司法权中的非讼事件、民事强制、订定法规命令等，即属行政（执行）权所产生的功能作用之范围。”❷ 立法机关为资助立法准备而行之第三方评估，系其为行使宪法职权而履行的辅助性的行政行为，与行政机关委托第三方对资助之抽象性行政行为以及资助决定进行之评估，均属行政之范畴，为行政委托。一般而言，立法机关和行政机关通过订立行政合同，使第三方评估机构成为受托人，并以委托之机关的名义进行资助之调研、分析和评测，其行为之法律后果直接归属于委托之立法机关或行政机关，由两机关对评估报告负法律责任，因此，委托评估之对象范围与委托主体的立法或“准立法”的权限范围重合。

二者，第三方评估资助政策和决定有制定法之依据。虽然《行政许可法》没有直接规定行政机关可委托第三方进行许可设定和实施的评估，但是，一方面，其第20条第3款规定了公民、法人或其他组织对许可实施和设定的意见和建议权，另一方面，第20条规定了行政机关对许可设定和实施的评价和报告义务，故而立法和行政机关在与公民基本权利不发生联系的方面为直接或者间接获得私人协助，“可以将特定的行政任务转移到私人，私人当作‘公民义务’

---

❶ 尤乐：“论地方立法后评估之对象”，载《贵州大学学报》2007年第3期，第61~65页。

❷ 李震山：《行政法导论》，三民书局2007年版，第3页。

采取特定行为”[1]。因此，资助政策的制定和决定机关可以通过行政委托将第三方评估主体的意见和建议权与自身的评价义务加以契合，以更加民主和经济的形式达到行政目的。

三者，第三方评估不属于广义之立法评估，广义之评估中的非公权力主体以其自己之决定进行预测和评价，其评估结果也不具备法律效力，而第三方评估的前提是必须存在公权力委托主体，包括两种形式，一种为事先委托，如2012年1月广东省财政厅将财政性资金使用的绩效评价工作整体委托给第三方评估机构[2]；另一种为事后购买成果，著名的事例包括美国政府在韩战爆发后购买兰德公司“中国将出兵朝鲜”的预测性研究报告。经由委托，则第三方评估将成为法定评估主体行为的延伸，虽不具有法律效力，但其法律后果归于委托主体。

四者，第三方评估体现现代治理中的程序正义原则。一方面，由第三方机构进行立法评估是国际发展的主流，如美国的行政立法成本效益评估的审查机关是联邦管理和预算办公室，它与各种“脑库”机构建立了长期的合作关系，第三方机构提供的咨询性并结合公众反应的评估报告通过该办公室对立法和政策产生影响。任何一个公共政策的实施效果的良劣，公众的回应所体现的感受和意见是最后的评判，因此第三方评估已使“民众参与（citizens' participation）成为政策指标建立的一个重要机制，因为民主国家政府的政策应该反映社会主流价值，而唯有透过民意参与的管道，主流社会价值才能充分反映在政策的制定上”。[3] 另一方面，第三方评估能够屏蔽公权力机关的干涉，即使评估由公权力机关委托，第三方评估机构出于生存和发展压力也不会过于屈从公权力意志，即评估可能由

[1] ［德］哈特穆特·毛雷尔：《行政法学总论》，高家伟译，法律出版社2000年版，第584页。

[2] “广东引入第三方独立评价财政支出使用绩效”，载人民网 http：//www.people.com.cn/h/2012/0113/c25408－1884990987.html。

[3] 李允杰、丘昌泰：《政策执行与评估》，元照出版有限公司2003年版，第301页。

公权力主导，但是公权力机关也必须满足行政民主化的要求——遵循正当程序、不做自己案件的法官。独立性是评估业的生命线，也是其公正和受到社会广泛信任的力量源泉。故而除了立法机关和行政机关对资助的自行评估外，第三方评估机构的中立性和专业性也越来越被重视并开始可能得到公权力机关的委托，通过建立具有公信力、民主性和科学绩效性的社会评价体系，推动民主立法和服务型政府建设，在提高政府管理绩效方面迈出实质性的步伐。

五者，第三方评估已经成为世界之潮流。20 世纪初叶，美国成立了国会研究服务部（CRS），针对议会提出的有关科学研究等方面的资助财政法案进行研究、分析和评价，至今美国审计总署（GAO）、美国国会技术评价办公室（OTA）、国会预算办公室（CBO）也会针对特定项目资助出具评价报告，但是大量的评估任务还是由社会资讯评估机构（Government Contractor）承担，如世界技术评估中心等。德国于 1957 年成立科学委员会，负责科研项目资助政策评估，自 20 世纪 90 年代后，第三方（外部）独立评价机构开始大量承担政府资助项目的评估；英国、法国、日本等国也先后建立了国会和行政机关统领、独立社会机构具体承担的多层次的资助政策与决定以及财政投入的客观的绩效评价系统，这些机构或者公司“主要通过市场竞争来体现其评估能力和水平，并在科技评价市场上立足”[1]。

综上，资助评估中的“法”不应作狭义之理解，即法仅指由立法机关制定的法律，而应从法的渊源（形式）理解，即被评估之法包括资助性的法律、行政法规、地方性法规、规章和其他行政规范性文件等。因此，资助评估之法定主体呈多样性和多层次的特点，当立法者不仅限于立法机关，而且包括行政机关时，立法者应被理

---

[1] 周文泳、尤建新、郑海鳌：《政府投入科技项目绩效评价理论与方法》，化学工业出版社 2009 年版，第 14 ~ 16 页。

解为法律等规范性文件的制定者。

6.1.2 评估的内容

早期的立法评估与法制清理的界限含混，立法评估往往成为合法性评价，如2004年至2006年，云南省人大开展的“立法回头看”活动，其切入点在于“及时发现是否有与上位法相抵触”，其次才是“是否符合实际”❶。一方面，沿袭中国传统治理方式——“以事治事、以人防人”❷，“并不能使后评估成为解决本应在立法阶段消除的法制问题的利器，也曲解了后评估的原意”❸；另一方面，对法律等规范性文件的修改和废止从性质和程序方面看是一种反向的立法和过程，秦杜挚曰：“臣闻之：‘利不百，不变法；功不十，不易器。’”（商君书·更法第一）立法评估的核心在于“变法”。无论变法，抑或立法，“法律规则的制定和适用并不是以规则本身为目的，而是以人类社会为目的”❹。时至今日，随着立法理念、立法技术的成熟和提高，“把法律当成受到社会各种因素冲击的社会实在……不但注意影响法律的社会因素，还进一步检讨法律的社会结果、社会效应”❺ 的观念使评估内容——法律实施后取得的成效是“变法”——制定和实施行政资助的最为关键的动机。

一方面，域外实践已充分肯定了成本—效益的立法评估模式，国内近年实践也效法于此。如在美国1980年开始建立的行政立法后评估制度（review of existing regulations）中，《灵活规制法》（RFA，

---

❶ “云南人大：为立法质量把关”，载人民网 http://www.people. com.cn/GB/14576/14957/3011952.html。

❷ 瞿同祖：《清代地方政府》，法律出版社2003年版，第10页。

❸ 尤乐：“论地方行政立法后评估中的合法性评价”，载《广东行政学院学报》2007年第4期，第30~34页。

❹ ［美］罗斯科·庞德：《法理学》（第1卷），余履雪译，法律出版社2007年版，第79页。

❺ 洪镰德：《法律社会学》（第2版），扬智文化事业股份有限公司2004年版，第291~292页。

1980）要求联邦各部门应对那些可能对中小企业产生重大经济影响的规章进行定期的评估；1993 年，克林顿总统发布第 12866 号行政命令，要求联邦各行政部门对现存规章进行评估以保证规章的及时性、兼容性、有效性以及减少不必要的规制负担。[1] 立法效果模块包括先行立法效果评估、跟踪立法效果评估和事后立法效果评估，分别针对可能立法方案的前瞻性影响或效果的评估和回顾性、经验性的以目标实现情况为核心的评估。欧盟从 20 世纪 90 年代中期开始，启动了一系列改善立法质量的计划，遵守必要性、适度性、透明性、负责性和简单性的共同原则进行立法效果评估，2003 年欧盟引入综合评估程序，就法律对经济、社会和环境的影响进行全面分析，每年都有 20～30 部新法律得到评估[2]。在立法效果评估中，一般采用成本结果分析、企业经济学的成本核算和成本—效益分析三种分析方法，围绕着成本效益的对比，力求以最小的成本获取最大的效益。我国目前有关立法评估的立法中，如《广东省政府规章立法后评估规定》（2009 年 3 月 1 日）、《安徽省政府立法后评估办法》（2011 年 10 月 27 日）等，均明确了立法评估的目的是针对规范性文件的制定质量、实施绩效，包括执行情况、实施效果、存在问题和影响因素，从而提出完善、改进建议，使制度更加符合实际，具有针对性和可操作性，但是对具体资助项目的评估体制尚未完全建立，如截至 2011 年，广州市科技部门仍然“缺乏对投入资金的监管与跟踪，缺乏绩效激励机制和追溯补偿机制，既无法科学地对财政投入的绩效进行考核，也导致了项目承担单位对科技项目经费管理的轻视”[3]。忽视政策或决定之后的效果跟踪评价，导致资助政策的落实和改进缺乏基础性的动因。

---

[1] 龙晓琳：“美国行政立法后评估概况”，载《探求》2008 年第 1 期，第 46～48 页。

[2] “德国和欧盟的立法效果评估制度”，载国务院法制办公室秘书行政司编：《政府法制参考》2005 年第 10 期（总第 183 期）。

[3] 庾建设、谢学宁主编：《中国广州科技与信息化发展报告（2011）》，社会科学文献出版社 2011 年版，第 232 页。

另一方面，“理论是灰色的，而生活之树常青”（歌德），人的理性有限，社会生活中充满着人类行为的偶然性，再加上论社会发展的要求，因此规制资助之法的调整不可能毫无疏漏。立法是基于以往的经验发现法，但当时的立法者无法预见到后人可能遇到的法颁布之后的问题，而调和人的有限的理性和社会生活的繁杂之间的矛盾，正如郑永年指出“法律应用包括法律适用和法律续造（法律发现）”[1]，法的适用过程中本身就为进一步的续造制造了契机，而资助评估就是对法的适用经验的总结和概括，如2009年深圳市福田区共资助715家辖区企业会展费1022.49万元，成交金额500亿元[2]，该评估成果毫无疑问地为资助之法的续造创造了条件、充实了基础。

因此，资助评估融合了立法权、行政权和社会公众的不同视角和诉求，使之共同参与进一步对资助立法和政策制定的过程，“为了制定一部应当体现共同体中不合理习惯的法典，首先是确定我们的理想——我们意图实现的遥远但占主导地位的目的——接着，考察一项措施而非另一项是否有助于我们接近理想”[3]。为了使法律等规范性文件能够起到促进人类共同福祉并给予每个人以平等保护的目的，立法评估的内容应为法实施的效果，即成本效益对比——“对运营成果、所受挫折、最终获得的产品和结果以及在报告年度期间服务对象变动的描述”[4]，资助评估理当以此为任。

6.1.3　评估的效力

资助评估对资助之法律等规范性文件和决定进行成本效益分析，

---

[1] 郑永年：《法律方法阶梯》，北京大学出版社2008年版，第21页。

[2] “深圳市福田区2009年政府工作报告”，见《深圳市福田区人民政府公报》2010第1期（总第60期）。

[3] ［美］霍姆斯：《法律的生命在于经验——霍姆斯法学文集》，明辉译，清华大学出版社2007年版，第271页。

[4] ［美］爱德华·卡尼：《联邦政府内部控制》，王光远译，中国时代经济出版社2009年版，第60页。

其本身因使用公帑而产生成本，因其而形成的实效性的预测或评价报告的效力——对立法和政策及决定的影响度是考察资助评估效益的主要指标。

首先，资助评估满足了民主的需求、是民主的表现形式之一，应对立法产生实质性的影响，促使公民参与从臣属型转向权利型。一方面，正如许育典先生清醒地认识到，“民主可以被理解为‘人民统治（die Volksherrschaft）’，也就是所谓的国民主权……因此，民主所描述的，是一种国家统治形式，这种形式是就人民的立场来看，并且由人民自己或其代表来行使。然而，这样的表达仍然不够充分”[1]。民主的“多数人决”的天然倾向性未必会使决策达到宪政所要求的妥协性的标准。另一方面，现代社会利益诉求日趋多元化，代议制度也未必能够最为广泛地代表各种细分的群体，在调和行政的效率、权力的集中与承认选民保有对立法最后的发言权——这一至高权力之间，需要更多的民主手段扩大决策的公众参与程度，而现代民主化制度的体现就是要防止假公共福利之名消灭一切个人的自由，防止“个人成为群体的工具”[2]；防止出现“公民是同意了一切法律的，即使是那些违反他们的意愿而通过的法律，即使是那些他们若胆敢违反其中的任何一条就要受到惩罚的法律”[3]。因此，对于资助之立法评估可以被看作直接民主的形式之一，是对非重大立法或决策的一种非正式的复决形式，是低成本和高效率的、使公众的自由表达权能对资助之公权力运行产生实质性、决定性影响的社会控制手段。

其次，如何使用资助评估的结果属于公权力自治范围，即它不能逾越公权力的裁量范围，并不必然引起对资助之法律等规范性文件“立改废”的法律后果。根据人民主权原则，立法权和行政权皆

---

[1] 许育典：《宪法》，元照出版有限公司2006年版，第42页。

[2] 余英时：《民主制度与近代文明》，广西师范大学出版社2006年版，第135页。

[3] ［法］狄骥：《法律与国家》，冷静译，中国法制出版社2010年版，第41页。

因来自于宪法之授权而具有民主的正当性，正基于此，立法机关和行政机关方才因为有授权而具有立法裁量权和行政裁量权。一者，密尔曾指出“选民是对他履行委托的方式的裁判者”[1]。选票授以立法机关据其判断并按照代议士们认为最好的方式去决策的自由，其中包含如何运用资助评估成果的充分选择空间，此时能够平衡前者的裁量权的手段是选民保有的知的权利，即有权知道代议士们在做什么、怎样做并能够通过意思的自由表达去指导代议士们，资助评估正是立法机关了解选民意愿并受其指导的持续作用过程。二者，人民制定宪法，根据宪法成立立法机关，然后由立法机关产生行政权和司法权，故而行政权的产生是宪法的二次适用。取得宪法授权的行政机关基于对民主价值的认同而认可“陈情为人民之权利，行政机关有为处理的义务”[2]，不仅如此，行政机关应该主动采取各种方式获取申诉——听取人民对资助之特定事项处理措施表示的意愿，以减少决策中的非理性因素，故而资助评估所获取的社会信息，是一种行政主动帮助相对人或利害关系人乃至公众进行申诉的手段。但是行政机关如何斟酌对资助评估成果的具体处理方式和结果属其自由裁量权范围，然应对该决定说明理由并信息公开以防止资助中的行政恣意。三者，正如伯纳德·施瓦茨指出，“不能授出被授予的权力”[3]，立法权和行政权是人民通过制宪所授予，它们也是各自权力的唯一所有者，如果资助评估具有必然引起法律等规范性文件的“立改废”的法律后果，立法权和行政权实际丧失了与对其授权相适应的判断权能，形成了立法权和行政权向授予其权力的人民进行反向授权的格局，如此宪法授权二者的自由裁量权将不复存在。

综上，虽然“评估的主要目标是评估财务报告内部控制”[4]，但

---

[1] ［英］J. S. 密尔：《代议制政府》，汪瑄译，商务印书馆 1982 年版，第 174 页。

[2] 黄异：《行政法总论》（第 5 版），三民书局 2006 年版，第 145 页。

[3] ［德］伯纳德·施瓦茨：《行政法》，徐炳译，群众出版社 1986 年版，第 30 页。

[4] ［美］爱德华·卡尼：《联邦政府内部控制》，王光远译，中国时代经济出版社 2009 年版，第 77 页。

是资助评估的效力体现在既有效地体现民主，又坚持宪政之分权原则。一方面，公权力对民主的回应的目的不在于达到不可能完成的形式上的绝对公平——使每一种利益诉求得到充分满足，而在于通过公权力提供的自由表达渠道使每一个利益个体或者群体感到被公平对待，从而达成可接受的相对公平的结果；另一方面，作为法治国的基本特质和宪法作为基本法律的最高原则之一的分权，不仅意味着行政合法性的要求在于"行政权受合宪秩序及法理的约束"❶，也意味着民主必须承认立法机关和行政机关如何使用资助评估成果属于其各自的权力自治范围，防止民主蕴含的非理性因素会破坏宪政为调和民意而构建的权利与权力互相协作的精巧结构，资助评估不具有对法律等规范性文件"立改废"的法律后果，属于法定主体运用行政权为实现立法准备之行政目的而行，却不产生相应法律效果的补充性的行政事实行为。

总之，资助评估的旨趣在于对行政资助相关之法律法规等规范性文件的制定和具体决定的成本效益分析，是一种外化的内部控制手段。资助评估具有评估主体和对象法定、效力不法定的特点，属于补充性行政事实行为，是立法机关和行政机关作为法定之评估主体在其制定资助之法律法规等规范性文件和决定的权限内自行或委托进行，以资助之规范性文件和决定的实施效果的前瞻性预测或回溯性评价为内容，以成本效益对比为方法，但又不具备法律效力的具有指导作用的资助立法和决定之准备活动。

6.2 行政资助评估制度的意义

资助评估制度显然具有两种意义：其一，使资助之法律等规范性文件能够不断适应社会发展。考夫曼曾经指出，"一个自身封闭的、完结的、无懈可击的、清楚明了的法律（如果可能的话），也许

❶ 叶阳明：《德国宪政秩序》，五南图书出版有限公司2005年版，第60页。

会导致法律停滞不前”[1]，事实上法律的不完善恰恰是它先天的属性，它的规制意图只有在施行过程中通过各种案例才能得到明确的展现，也只有通过公权力的意思表达，社会公众才能发现“应然”——立法之目的以及它所决定的思维方向、素材和方法与“实然”——客观感受之间的差距，而资助之立法者应该通过一种过程去发现立法和政策制定的思维与实际的目的之间并不适妥的成分，资助评估是这一过程中规范制定者所运用的有效手段之一。其二，使资助之法相对于变化的公共利益保持适用性。无论是资助立法的原初目的，还是规制者自身，正如边沁的观点，“立法者应以公共利益为目标，最大范围的功利应成为他一切思考的基础”[2]，问题是边沁自己也承认人性存在弱点，资助之立法者和政策制定者可能使自己成为法的例外，法也需要有例外的规定，所以任何“精确的规则只是对于短时期来说才是最好的，它们常常会滞后于环境和目标的变化”[3]。故而，社会需要某种制度使趋于僵化或被单一利益充斥的资助立法或政策回应社会不断出现的新情况，使法能够始终保持面向新动态的适应性，否则资助之法律等规范性文件的适用性将受到考验，一个无法适用的规则无法被寄望于提高社会规制的效能和持续提高社会福祉。但是，建立资助评估更为关键的意义在于，作为一种替代性的救济手段、提高法作为公权力行使的依据和指导的权威性以及促进正义的实现。

6.2.1 间接并替代之作用

资助评估制度可行有效的间接的替代性救济作用。就作为具体

---

[1] ［德］考夫曼：《法律哲学》，刘幸义等译，五南图书出版有限公司2000年版，第16页。

[2] ［英］吉米·边沁：《立法理论》，李贵方等译，中国人民公安大学出版社2004年版，第1页。

[3] ［美］德博拉·斯通：《政策悖论——政治决策中的艺术》，顾建光译，中国人民大学出版社2006年版，第302页。

行政行为的资助决定而言，一者，在社会保障行政中，相对人拥有财产权和社会权方面的保障，在行政资助中相对人只拥有申请权，只能寄希望于作出资助决定之行政机关能够基于信赖利益保护原则使资助申请得以平等竞争而获得之；二者，资助之具体行政行为并非以保护个人利益为目的，而是以促进公共利益为目标，故其行为的申请人寄望取得的利益并非权利所蕴含的利益，而是反射利益——“为了保护和增进公益而进行的法律规制或行政执行，在事实上给特定的或不特定的私人带来一定的利益”❶，使行政复议机关和法院处理复议申请和诉讼请求时都须面对非由“法律保护的利益”是否应予保护的问题，复议机关尚可因合理性的判断而为复议申请人提供取得利益满足的可能性——反射利益受到侵害不意味着申请人有请求救济的法的权能，而决绝于合理性审查的法院则更无能为力于反射利益的满足；三者，资助申请人的程序性权利或可为法院对资助决定的合理性作出一定的干预，但是行政资助中行政机关行使的权力本来就没在宪法上作出明确或者积极的授权规定，其他给付行政领域中的行政机关与申请人之间的权利义务关系不能适用行政资助，即行政机关没有给予申请人以本不属于其利益的义务，故而行政机关的程序性裁量空间较于其他给付行政领域为大，只要行政机关在具体工作程序方面满足了申请权、履行了公正义务并在事后满足了当事人的意见表达要求，（不予）资助决定很难被撤销。因此，“法律是实施政策的最为重要的手段……从法律的角度来说，考察经济政策除了使人们获得对法律和政策的整体认识外，还可以了解制定法律规范的初衷，这对于法律的目的解释非常重要”❷。基于依法行政原则，对资助之法律、法规、规章和政策文件以及决定的实效性评估，实际上为资助决定的合理性制造了先决条件，特别是

❶ 杨建顺：《日本行政法通论》，中国法制出版社 1998 年版，第 199 页。

❷ ［德］乌茨·施利斯基：《经济公法》，喻文光译，法律出版社 2006 年版，第 116 页。

为资助之“红头文件”的出台和施行以及具体资助决定的作出设立一道“安全阀”，一定程度上做到了从源头防止政府违法行政行为的发生。

6.2.2 规范公权力之作用

资助评估制度可规范公权力之行使。一者，资助评估已经具备了公权力行为的形态并可抽象为一种法律概念，从而具有法所拥有的社会控制作用。《立法法》第 90 条第 2 款规定的社会团体、企业事业组织以及公民的合法性审查的建议权为法律与社会之间形成互动搭起了桥梁；《行政许可法》第 20 条规定了许可设定机关对许可设定和实施情况的评价义务，第 46 条中许可实施的社会公告和听证等也蕴含了资助评估内容。由此可见，资助评估作为一种公权力现象已经形成固定化的模式并逐渐体系化，足以从各种有关立法评估的法律等规范性文件的集合中将其抽象成为一个法律概念，因为其具备了法律概念所应有的内容要素和典型特征。二者，正如拉兹指出“规范性权力是造成规范变化（normative change）的权力”[1]，规范和规范的变化都会影响人们的目标、愿望和期待，当资助评估制度使公权力机关具有了使法律产生变化的能力时，其本身应该成为法律的内容，从而起到规范公权力的资助及其评估行为，并使评估得出合理和公正的结果的作用，正如庞德指出：“法学和司法的发展使现代意义的法的要素成为新的传统要素”[2]，能够形成的更为合理的法的立法评估制度本身应起到规范并约束公权力及其评估行为的作用。

6.2.3 实现社会正义之作用

资助评估制度可促进社会正义之实现。曾子固曰：“法者，所以

---

❶ ［英］约瑟夫·拉兹：《实践理性与规范》，朱学平译，中国法制出版社 2011 年版，第 106 页。

❷ ［美］罗斯科·庞德：《法理学》（第 2 卷），余履雪译，法律出版社 2007 年版，第 8 页。

适变也，不必尽同；道者，所以立本也，不可不一。”（张之洞《劝学篇·变法十七》）其中之“道”在法律人的眼中即“评价一部制定法、一项司法判决、与一个国家行政行为依据的都是其内在的正义”。❶ 法律中的正义不具备道德范畴中的正义所具有的绝对价值地位，它关注的是依据正义观念制定的法所保护的各种利益，即，正义本身作为一种法律，“使各种具体的法律按着作为实施正义的工具的目标而生效”❷。

一者，立法是对利益分配格局的暂时的制度安排，有关资助之立法和政策尤其如此。虽然立法者和政策制定者认为已经作出了符合正义标准——公正地分配利益的决策，但是“人是由自我的内在构造、外在关系、选择秩序、时间性等复合的形式构成的一种多元的存在”❸，故而人的趋利气质会表现出对理性的怀疑和欲望的冲突，形成互相抗衡的格局，即使正义如罗尔斯寄望的通过利益分配得以实现，但新的利益冲突在法发挥社会控制的作用中会不断产生并显现。二者，“前评估”帮助资助立法或政策达成先决的正义，“后评估”调整法律或政策实施中业已形成的不公正的利益分配，即资助评估—交换正义是达致凯尔森所希望的利益秩序（Interessenordnung）——“牺牲彼利益以成全此利益或在相互对立之利益间寻求平衡或妥协”❹ 的途径之一。三者，宪政民主意味着以妥协取得各种相互冲突的利益之间的平衡。一方面，妥协并非在“多数决”中由某个处于权力中心或把持权力的群体或个人作出处置利益冲突的方案。由于权力会产生自身的利益，因此资助评估所认同的价值在

---

❶ ［奥地利］尤根·埃利希：《法律社会学基本原理》（第2卷），叶明怡、袁震译，九州出版社2007年版，第467页。

❷ ［美］罗斯科·庞德：《法理学》（第2卷），余履雪译，法律出版社2007年版，第84页。

❸ ［日］佐佐木毅、金泰昌主编：《21世纪公共哲学的展望》，卞崇道、王青译，人民出版社2009年版，第252页。

❹ ［奥地利］凯尔森：《纯粹法理论》，张书友译，中国法制出版社2009年版，第48页。

于“民主同时确认的是多元化国家，在这种国家之下，多样化的利益和观点是对政治程序发挥效用的建构性要素”[1]。另一方面，资助评估以表达自由之基本权利为基础使各种可能的利益诉求、意见或建议都能得到充分表达和竞争的机会，成为公民向公权力提出改变之要求的手段或形式，借此影响国家的立法、政策或决策行为，避免随意将任何人排除在公共利益之外的情形出现，这是民主的应有之义，更是找到某种妥协方案所必需的路径。

因此，资助评估的意义虽不在于“对具体的法规或具体的解释方式是否可被视为有约束力作出判定。它并不回答这些法规是否一定应当创制的问题”[2]，而在于以接近正义的方式协调了多元社会中的利益冲突，从而形成更具有正义价值的法律等规范性文件，也只有符合社会正义理想的法律规则才能在被适用时得出公正的结果。

6.3 行政资助评估制度与其他制度的区别

与其将资助评估制度看作一种新的制度，不如将其看作从既有制度中运用抽象理性而发现的新的法律概念，正如卡尔·施密特指出，“法律规制以‘正常’的概念为前提，但这些概念并非出于法律的规制，反之，如果没有这些正常概念的存在，规范将不可理解，甚至不能被称为‘规范’”[3]。概念作为法学思维的基础，不同的概念又赋予不同的规范以不同的内涵并塑造不同的法秩序，在诸多法所包含的法律、法规、规章、决定等规范性文件的制定和续造中，不同概念之间相互紧密联系，构建不同的制度。因此，资助评估制度与其他制度的异同必然反映在资助评估与其他既有的概念之间，

---

[1] ［德］齐佩利乌斯：《德国国家学》，赵宏译，法律出版社2011年版，第288页。

[2] ［德］马克斯·韦伯：《学术与政治》，冯克利译，生活·读书·新知三联书店1998年版，第36页。

[3] ［德］卡尔·施密特：《论法学思维的三种模式》，苏慧婕译，中国法制出版社2012年版，第62页。

在内涵方面存在类似性、相异性和外延方面的重叠性，如前期调研、执法检查。三者间若加不以区别，制度间固然冲突，资助之立法、政策和决定的评估及其制度只能为模糊之提法，而无所谓新概念或新制度，更不具有法的规范价值和意义。

6.3.1 与立法前期调研之区别

立法前期调研是目前我国的立法机关和行政机关在制定法律等规范性文件时的一项工作制度，不同于法定之立法评估和作为法定立法程序组成部分的立法起草阶段的调研[1]，是对拟制定之法律等规范性文件的必要性和可行性进行的调查和研究，与资助评估均为行政事实行为，立法意向未必转化为正式立项，其与资助评估存在以下四点不同。

第一，实施主体不同。与资助之“前评估”相似，但后者突出评估主体的第三方性，法律等规范性文件的制定者作为法定主体，一般不成为评估主体，立法前期调研则为立法主体——规范性文件制定者本身或其起草部门。

第二，受到的规制不同。资助评估已在各种法律等规范性文件中成为一项规则[2]——“是对一个确定的具体事实状态赋予一种确定的具体后果的法令”[3]。虽然其本身是补充性的行政事实行为——

---

[1] 例如，《规章制定程序条例》第14条规定：“起草规章，应当深入调查研究，总结实践经验，广泛听取有关机关、组织和公民的意见。听取意见可以采取书面征求意见、座谈会、论证会、听证会等多种形式。”第17条规定：“起草单位应当将规章送审稿及其说明、对规章送审稿主要问题的不同意见和其他有关材料按规定报送审查。报送审查的规章送审稿，应当由起草单位主要负责人签署；几个起草单位共同起草的规章送审稿，应当由该几个起草单位主要负责人共同签署。规章送审稿的说明应当对制定规章的必要性、规定的主要措施、有关方面的意见等情况作出说明。有关材料主要包括汇总的意见、听证会笔录、调研报告、国内外有关立法资料等。”

[2] 例如，《国有土地上房屋征收与补偿条例》（2011）第12条规定，市、县级人民政府作出房屋征收决定前，应当按照有关规定进行社会稳定风险评估。

[3] ［美］罗斯科·庞德：《通过法律的社会控制》，沈宗灵译，商务印书馆1984年版，第22页。

评估结果不必然带来“立改废”之法律后果，但它具有反射性的效果，即评估成果应该根据正当程序之要求予以公开，满足人民之知情权和监督权的要求，并根据可能情况由法定评估主体对人民作出回应性的说明。前期调研只在立法机关和行政机关内部进行——“行政行为是对外部，即对国民采取的行为。因此，行政机关内部行为不是行政行为”[1]，故不受正当程序原则之规制。

第三，发生时间不同。资助评估分为“前评估”和“后评估”，是对资助立法或政策制定意向（效果）的肯定或否定以及为法律等规范性文件之“立改废”提供依据，“前评估”至迟可在法案提出之前进行并作为提案之说明，是“立改废”的诱因；前期调研发生在立法意向产生之后、立法计划制订之前，是为所拟立之法进行的非正式的事前准备。

第四，内容不同。资助评估仅从成本效益对比为切入点、以实效性预测和评价为核心进行可行性分析；前期调研则除成本效益分析（可能）之外，还包括适法性（规制之必要性）分析和合法性分析。适法性分析缘于“有些行为被认为本质上是私人的，或者说是非公的，并且因此不适用于进行司法审查”[2]；合法性分析则为符合法律的效力层次之目的。

综上，均为事实行为的二者虽然在实施主体、受到的规制、发生时间和内容方面均有不同，但彼此仍有重叠之处，如立法前期调研对成本效益分析涉及的可能性，更重要的是，如果对资助性立法（政策）进行回溯性评估或者资助性立法（政策）及其产生过程被调查、询问或质询时，前期调研成果有可能受到正当程序的作用而成为政府信息公开的内容。

---

[1] ［日］南博方：《行政法》（第6版），杨建顺译，中国人民大学出版社2009年版，第38页。

[2] ［美］迈克尔·塔格特：《行政法的范围》，金自宁译，中国人民大学出版社2006年版，第240页。

6.3.2 与行政执法检查之区别

行政执法检查是指特定权力主体（立法机关和上级行政机关）对行政机关的法律法规实施情况进行的检查监督制度，包括行政机关内部（上级行政机关对下级行政机关、行政机关对其所属部门）的执法检查和立法机关（人大）对行政机关及其工作部门的执法检查（主要在地方层面进行）。行政执法检查的时间发生在规范性文件实施之后，与“后评估”的时间重合，但二者之间不具有同质性，属不同的制度设计。

第一，法律依据不同。资助评估的依据见于《行政许可法》这一单行法律中的评价条款（第 20 条第 2 款）；行政执法检查中，立法机关对行政机关的检查依据《各级人民代表大会常务委员会监督法》（以下简称《监督法》），行政机关内部的检查依据《国务院组织法》、《地方组织法》和相关法规规章及内部工作制度。

第二，性质不同。资助评估属于补充性的行政事实行为，并应依据正当程序公开评估成果；立法机关对行政机关的检查基于不同公权力之间的分工制约关系，属于法制监督，检查结果亦应公开（《监督法》第 7 条）；行政机关内部的检查基于官僚制的科层关系，属内部行政行为，具有自上而下的单向度性，行政机关对检查结果是否主动公开有一定的裁量权❶。

第三，主体不同。资助评估主体为法律等规范性文件的制定主体和对其进行审查、批准、改变或撤销的上位主体，法定主体可委托第三方进行，具有分散性和多维度的特点；执法检查主体则是被检查对象所负责的机关，如行政机关向人大负责，下级行政机关或工作部门向上级行政机关负责，不能委托（外部）进行。

---

❶ 依据《政府信息公开条例》第 9 条，检查结果不直接反映机构设置、职能和办事程序，是否需要社会公众知晓或者参与，由行政机关裁量处置，但基于行政民主化之要求，公众有权申请公开，行政机关也应以主动公开为宜。

第四，内容不同。资助评估以成本效益分析为内容；立法机关对行政机关的检查以合法性为内容（《监督法》第5条），行政机关内部的检查则为全面之兼有合法性和合理性的检查，其中合理性检查为成本效益分析和一定的价值评判，包含对资助政策和具体资助决定的效益评价，因为“我们的共同政治生活的一部分在于，正义是我们的批判家而不是我们的镜子……任何一个决定都会被重新考虑，我们会总是质问某些现行制度框架是不是公平的”[1]。

第五，权力滥用的危险不同。资助评估的行政事实行为的性质使各法定主体缺乏超越权限进行评估的冲动；行政机关内部的检查（包括工作报告、工作检查、专案检查、审查、行政复议等）基于其自身严格的层级体制而难以出现“下克上”之情况；但是立法机关对行政机关的外部行政监督则有越权的危险，即立法机关不能恪守自己的权力界限。正如孟德斯鸠指出，“罗马有一些令人赞美的制度，尤其是其中的两种制度：一种调整了人民的立法权，另一种限制了人民的立法权”[2]，立法权对行政权的监督方式应止于有关行政资助的抽象问题的询问、质询和特定问题的调查权，但执法检查很难不涉及资助中的具体问题。

一者，虽然《监督法》中规定了执法检查权，但是立法机关的本位价值在于：“它们的工作是以日常监督为基础的，其常规性任务更多是启动政策和监督行政活动，具体职权是监督各部的管理、政策和开支”[3]，由职业政治家组成的人民代表团的检查如涉及执法（资助）的技术性和专业性，将会使对资助政策的制定和具体资助决定之作出的检查流于形式；二者，基于权力分立之原则，本应关注

---

[1] ［美］罗纳德·德沃金：《原则问题》，张国清译，江苏人民出版社2005年版，第286页。

[2] ［法］孟德斯鸠：《论法的精神》（上），张雁深译，商务印刷馆1959年版，第209页。

[3] ［英］彼得·莱兰、戈登·安东尼：《英国行政法教科书》（第5版），杨伟东译，北京大学出版社2007年版，第129页。

普遍性规制的立法机关的执法检查不可能不涉及具体资助的案件，扩大了立法权的同时也打破既有权力分配格局，要么出现人大系统试图吞并行政机关的职权的情况，要么出现两个机关同质化、立法机关丧失监督作用的现象，因此，“进行个案监督，其间接结果就是使得众多贪污受惠者的名单中，又增加了人民代表大会系统中的领导干部”❶。故《监督法》本身是否符合宪政精神和其存在价值值得商榷。

综上，资助评估（后评估）与行政执法检查在法律依据、性质、主体、内容方面均有不同，但最重要的是在行政执法检查中应尊重行政机关在资助事务中的专业性和技术性判断（裁量权）。任何权力都有滥用的风险，行政资助中尤应防止立法权力滥用，即资助评估和行政执法检查均应以“国家行为只能在可以获得的合法性中找到必要的界限”❷ 为旨趣，否则本应促进法治的权力运用手段将会因越权而成为破坏法治的动因。

6.4 小　结

综上所述，资助评估针对法律等规范性文件和具体决定的实效，由法定主体（包括委托主体）进行前瞻性或回溯性的预测和评价，其旨趣在于“凡轻重敛散以时则准平”（顾炎武：《日知录（卷十二·财用）》），其目的在于考量立法和行政是否有利于人民的平等和自由的发展，有利于人民的基本权利的实现，以及有利于处于不利地位的事业项目的状况的改善。虽然评估是公权力主体为制定资助规范或作出资助决定而在其权限范围内作出的行政事实行为，但其作用在于为资助立法或政策制定以及具体决定的准备提供参考性

---

❶ 程洁：《宪政精义——法治下的开放政府》，中国政法大学出版社 2002 年版，第 14 页。

❷ ［德］尤尔根·哈贝马斯：《合法化危机》，刘北成、曹卫东译，上海世纪出版集团 2009 年版，第 75 页。

的评估成果。虽然资助评估、立法前期调研和行政执法检查三者之间内涵有类似性、外延有重叠性，但评估在实施主体、法律依据、发生时间、性质、效力和内容等方面有其独特的法的规范价值和意义，其最终目的是“将解决问题的政策，经由法律的约束，付诸行政，落实实施”[1]。

---

[1] 陈武雄：《社会立法析论》，扬智文化事业股份有限公司2003年版，第3页。

结　论

洪堡曾经指出："倘若国家是财产所有者，那它就必然会进入很多的私人关系中去。因此，人民仅仅因为需要才希望有一个国家机构的设置，而在这种需要根本无关的地方，权力也一起发挥着作用。"[1] 一方面，国家的建立是公共利益保护的体现，国家的维持和作用又需要公共财政的支持，因此人民通过制宪赋予公权力以征税权和决定权，而国家及其公权力一旦产生并运用就会有着自身的利益考量和追求以及摆脱民主控制的欲望和可能，故"宪政经常是跟民选政府过不去的"[2]；另一方面，社会国家的发展趋势又使个人自由和社会福利对国家公权力运用的依赖性越来越强，立法权对于"行政机构权利的理性布局、扩大社会保障和公共财政二次分配、经济计划、促进某个生产和公共服务部门的发展"[3] 的裁量权给予了充分的认可，将有关社会福利提高、公共利益增进的手段的政策制定权和决定权授予行政机关，行政资助就是在国家对经济实施广泛干预的背景下产生的行政行为模式。必须承认，行政增权的程度既提高了行政机关的政策措施在公共福祉目的达成方面的有效性，同时也加剧了行政机关恣意制定政策和滥用权力作出决定、破坏经济

---

[1] ［德］威廉·冯·洪堡：《论国家的作用》，林荣远等译，中国社会科学出版社1998年版，第170页。

[2] 王振民："关于民主与宪政关系的再思考"，载《中国法学》2009年第5期，第150～161页。

[3] ［法］让·皮埃尔·戈丹：《何谓治理》，钟震宇译，社会科学文献出版社2010年版，第8页。

自由的可能性。行政权的有限性和有效性之间的平衡点在行政资助这一行政行为中的确很难把握。正如哈耶克指出："重要的是政府活动的性质如何，而不是它的活动量大小如何。"[1] 一方面，经济自由并不完全排斥行政干预，既然法律赋予其裁量权，行政机关就可以在不侵犯公民自由权、平等（竞争）权和财产权的原则下以善意和理性的思维决策、通过经济利益的诱导和供给实现经济的稳定、提高和发展。另一方面，行政资助模式本身的定性就决定了它的权力边界和法治化的路径选择。

第一，行政资助作为一种与转移支付相异的授益性和助成（指导）性的行政行为，具有行政许可之行为性质。一者，资助主体的社会化趋势，使国家公权力和社会公权力在多元结构下能够共存，发展民主的同时决策权的转移意味着避免了行政机关成为有限和封闭的组织。二者，行政资助对于公共利益的满足和提高的作用间接，市场只能适度容忍行政权的介入。三者，行政资助虽属给付行政且受基本权利的限制，其又不似供给行政和社会保障行政受到社会权的节制，但其为前两者提供物质支持；行政资助的权利基础在于现代人权中新生的集体性的基本权利——发展权，其价值在于回应或者弥补发展权在司法救济方面的相对消极因素。发展权固然不尽能得到裁判性的保障，但行政资助应该受到平等权这一基本权利的拘束。四者，相较于侵益性的高权行政行为，行政资助行为基于对公共利益的贡献往往忽略资助政策制定和资助决定过程中远超出前者的法律不能明显给予的控制力。但是行政资助对公共利益的促进不能使其免于被法治施予一定的要求，它应该受到体现并促成正义价值以及实现有限政府精神的行政法基本原则的羁束，包括合法性原则、比例原则、信赖利益保护原则、正当程序原则，否则行政资助中的裁量空间更会使资助主体陷于专断和恣意。

---

[1] ［英］弗里德里希·奥古斯特·哈耶克：《自由宪章》，杨玉生等译，中国社会科学出版社 1999 年版，第 352 页。

第二，遵循信赖利益保护原则对于行政资助法治化的作用有限。由于该原则保护之利益并非确定性的利益（取得），且“一般而言，在作出补贴决定的时候，由于信息不全面，事先只能部分预见相应财政后果，因此共同体和国家从事的经济监督具有不确定因素”❶，对于资助决定之当事人而言，不得不考虑资助政策和决定因情势变更而撤销、改变和废除所造成的风险因素。因此，该原则作用于行政机关，使资助政策得以稳定，并在具体的资助决定过程中使申请人敢于竞争（信赖平等）、敢于自身投入（事业开展）、敢于坚持项目履行（持续供给），其意义在于使行政机关维护其行政行为的公信力和在与相对人建立公法关系后能够秉承诚实信用的精神履行给付义务，但在推进行政资助的法治路径中，信赖利益保护之遵循能起到的作用也仅限于此。

第三，遵循合法性原则的核心作用在于类比行政许可，约束行政资助中巨大的实体方面的自由裁量权，包括法律优位原则和法律保留原则，二者中法律的态度不同，对行政资助的规制和调整路径不同，但互为补充，使资助行为“自个别行为形式，转移至行政过程所构成制度之妥适运用方式”❷。法律优位原则的间接作用使非权力性和授益性的行政资助不仅服从于资助方面架构性的法律，也须符合上位资助立法的目的、范围、权限和一般性原则；法律保留原则之于行政资助，法律的拘束作用既不能完全被行政机关排斥，也不能完全地羁束行政机关。相对保留原则使行政机关获得了制定资助政策和作出具体决定的裁量权。且无论法律如何尊重行政资助中行政机关的自主性地位并鼓励其弹性地发挥在公共福祉方面的提升作用，财政预算法律始终是合法性原则拘束行政资助的核心，无此法律，则作为资助主体的行政机关将沉陷于法治国一直深以防范的

---

❶ ［德］罗尔夫·施托贝尔：《经济宪法与经济行政法》，谢立斌译，商务印书馆2008年版，第302页。

❷ 赖恒盈：《行政法律关系论之研究——行政法学方法论评析》，元照出版有限公司2003年版，第87页。

恣意当中。

第四，遵循比例原则的核心作用在于实现行政资助政策和决定的理性。齐佩利乌斯指出："在国家通过税收方式进行干预的领域——此处征税，彼处又进行社会给付和补助——收益和支出之间是否合比例，常常令人质疑。"[1] 虽然行政资助无法逃脱不平等的合理存在，但法治要求我们通过比例原则之遵循来控制行政机关的实体方面的自由裁量，使个案间的差异性具有合理的理由，使行政机关只在必要时利用公共财政以适当的方法对市场进行干预，达到促进公共利益提升的目标。一者，辅助性原则之功能在于分散行政机关的资源控制力、放松管制、建立有限政府、改善公共财政之经营和尊重社会自治；二者，超越"禁止过剩给付原则"的补充性的原则之作用在于促进公私合作、公助私成（指导）和上下交利、丰盈府库；三者，法益相称性原则要求行政资助中，为寻求公共利益的最大化，机会平等的限制可以被抱以容忍的态度，但是利害关系人由此造成的利益损害应尽可能被减少，并得以分享由其牺牲而新增的公共利益，否则有违正义。符合比例原则的行政资助不仅体现在功能的辅助性和作用的补充性所展现的成本效益对比，其理性则更在于法益相称性原则。

第五，遵循正当程序原则的核心作用在于以本身就是公正的程序促使资助政策和决定具有合理性。社会国家的兴起，使行政机关承担的服务职能和裁量空间同步扩张，授益性行政行为的裁量空间又远大于干涉行政，行政法制体系不得不在行政资助中将正当行政程序提升到足以与正义相匹配的高度。不仅仅在与行政资助相关的抽象性行政行为中遵循正当程序，更应在具体之资助决定的作出中严格遵守正当程序之各项要求。行政资助遵循正当程序，不仅仅是约束包括行政机关在内的当事人不以损害正义和程序公正的方式追逐自己的利益，更重要的是，公民通过程序表达的对资助政策和决

[1] ［德］齐佩利乌斯：《德国国家学》，赵宏译，法律出版社2011年版，第431页。

定的批评性的意见或解释，反映具体法律或者行政行为的不公正性，体现“公民不服从不是公民身份的替代物，因为它是用行动代表了政治秩序的公共原则”❶。一方面，行政机关必须履行回避、单方面接触之禁止和合议决定之义务，使行政资助之申请人能够信赖行政机关之公正，使资助的竞争性得以保证；另一方面，行政机关应该满足行政资助之申请人或当事人的要求说明理由的权利、听证权、知情权和卷宗阅览权。由此方能在行政资助中实现当事人的权利保障、节约事后救济的成本，并消弭由反射利益造成的行政救济作用之缺陷。

第六，资助评估作为一种参考性的行政事实行为，只是辅助性并替代性地促进行政资助法治化的手段，但是如波斯纳指出的，“成本—效益分析不仅具有积极效用其还具有规范效用，即相对来说与利益集团的政治运作隔绝地解释和预测政府决策”❷。包括作为一种替代性的救济手段、提高法作为公权力行使的依据和指导的权威性以及促进正义的实现。通过对涉及行政资助之法律等规范性文件和具体决定的实效，由法定主体或委托主体进行前瞻性或回溯性的预测和评价，可以考量立法和行政是否有利于人民的平等和自由的发展，有利于人民的基本权利的实现，以及有利于处于不利地位的事业项目的状况改善。

目前，国家和地方各级财政资金投入行政资助的力度越来越大，“2006～2008 年，国家财政科技拨款年均增速 24.59%，2008 年国家财政科技拨款达到了 2581.8 亿元……中央和地方财政大约各占一半”❸，2010 年全国科技资助拨款也达到 2240 亿元以上❹，但是地方

---

❶ ［美］斯蒂芬·马塞多：《自由主义美德——自由主义宪政中的公民身份、德性与社群》，马万利译，译林出版社 2010 年版，第 103 页。

❷ ［美］理查·波斯纳：《法律经济学》，蒋兆康译，五南出版有限公司 2010 年版，第 559 页。

❸ 詹正茂、熊思敏：《创新型国家建设报告（2010）》，中国社会科学出版社 2010 年版，第 481 页。

❹ “2011 中国科技新成就：支撑发展引领转变惠及民生”，载南方网 http：//tech.southcn.com/t/2012－03/02/content_39352262.htm。

政府在行政资助方面的法治化程度却不尽如人意，如在经济形势极为紧张，“中小企业资金链遭遇前所未有的挑战”❶ 的 2011 年，广东省科技厅历年科研专项资金（基金）结存却达 3.1 亿元，未盘活使用❷。安徽省淮南市政府也不得不承认资金分配不甚合理、资金使用效果不明显❸。这种政府与市场、政府与社会关系的严重不协调现象，固然是由于政府政令不畅通、权责不明确、缺乏公正透明、行为规范（《全面推进依法行政实施纲要》中的用语），但其深层原因却是对行政法治理解的不深入。

2004 年国务院颁布的《全面推进依法行政实施纲要》明确规定了以十年为考察期，计划基本实现建设法治政府的目标。时日临近，行政资助的法治化路径设计要求的程度也越来越高，不仅是使有关行政资助的立法和抽象性行政行为具有合法性，毕竟“民主经济计划，是指以对社会负责的方式决定经济结构及其演进模式的纲要”❹。也不局限于资助政策的稳定和资助决定的公信力，资助政策和决定的合法以及资助法秩序的稳定性只是行政资助法治化的起点。真正使资助政策和决定具有正义之品格并能够充分发挥提高社会公共福利效能的方法是行政机关对比例原则、正当程序原则的遵循，并采用评估这一事实行为作为影响手段；同时，由比例原则达成的、正当程序予以保障的资助政策和决定的理性并不具有永恒的外观，尽管行政资助中的裁量权不可能满足所有申请人的需求，也未必能与社会进步、经济发展保持一致性，行政资助效益的预期与实际也必定存在相当偏差，但资助评估一方面作为已发生法律现象的记录

---

❶ “陈泽民：中小企业资金链遭遇前所未有的挑战”，载新民网 http://news.xinmin.cn/rollnews/2011/06/10/11096739.html。

❷ “省科技厅 3.1 亿结存资金到底是些什么钱”，载南都网 http://gcontent.oeeee.com/5/cb/5cb63f65438b5475/Blog/4a5/baa259.html。

❸ “我市地方科技三项资金分配不甚合理”，载淮南市审计局网 http://www.hnsj.gov.cn/main/sjxx/2011-12-29/12115.html。

❹ ［美］塞缪尔·鲍尔斯等：《民主和资本主义》，韩水法译，商务印书馆 2003 年版，第 265 页。

者，“如果没有这方面的努力，我们将无法理解一种主要手段，借助这种手段使我们法律体系的传统材料同现实保持联系，并能使其适应已经变化和正在变化的社会”❶。另一方面，它所作的资助之利益分配和诱导的作用的描述，恰恰为立法机关对行政的裁量控制、公民对行政的有效性评价以及行政机关同体监督、自行改正提供佐证，而资助主体和评估主体的社会化也有助于开放性、合作式和民主化的行政资助法治体系的构建。

总之，行政资助法治化的问题，国务院《全面推进依法行政实施纲要》已经用极为浅显和通俗的语言给出了回答，即“科学化、民主化、规范化的行政决策机制和制度基本形成，人民群众的要求、意愿得到及时反映。政府提供的信息全面、准确、及时，制定的政策、发布的决定相对稳定，行政管理做到公开、公平、公正、便民、高效、诚信”。行政资助的政策制定和决定同样也不例外地应遵循此精神。行政资助丰富了国家与市场和社会之间的关系，此关系亦可形成协调合作，亦可达致分崩离析，关键在于行政资助能否形成“在趋向进步的国家，是生产力发达的结果，又转而造成生产力发展的原因”（参见陈独秀：《我的根本意见》），而充分并合理（符合比例原则）使用行政资助以贡献公共福祉，一要裁量权主体（行政机关）应有公意的授权和监督（合法性原则），二要接纳的权利主体参与（正当程序原则）。所谓“与国人交止于信”（顾炎武：《日知录（卷六·致知）》），否则于公众之信任无存，于当事人之信赖荡然，公帑靡费，产业不兴，期待2014年中央和各级地方政府能够在行政资助方面就《全面推进依法行政实施纲要》的践行情况向人民交出一份合格并经得起人民的质疑和历史考验的答卷！

---

❶ ［美］罗斯科·庞德：《普通法的精神》，唐前宏等译，法律出版社2010年版，第114页。

参考文献

[1] [德] 哈贝马斯. 重建历史唯物主义 [M]. 郭官义，译，北京：社会科学文献出版社，2000.

[2] 莫于川. 中国行政规制改革的若干地方经验及其背景分析 [J]. 人大法律评论，2011 (1).

[3] 姜明安，余凌云编著. 行政法 [M]. 北京：科学出版社，2010.

[4] [美] 约翰·罗尔斯. 正义论 [M]. 何怀宏，等，译. 北京：中国社会科学出版社，1988.

[5] 邹平学. 中国代表制度改革的实证研究 [M]. 重庆：重庆出版社，2005.

[6] [德] 卡尔·拉伦兹. 法学方法论 [M]. 陈爱娥，译. 北京：商务印书馆，2003.

[7] 马小红. 礼与法：法的历史连接 [M]. 北京：北京大学出版社，2004.

[8] 刁荣华主编. 现代行政法基本论 [M]. 台北：汉林出版社，1985.

[9] 梁启超. 专集之九十九·饮冰室合集（第 12 册）[M]. 北京：中华书局，1989.

[10] 沈宗灵. 比较法研究 [M]. 北京：北京大学出版社，1998.

[11] 涂怀莹. 行政法专题研究 [M]. 台北：五南图书出版有限公司，1998.

[12] 杨仁寿. 法学方法论 [M]. 北京：中国政法大学出版社，1999.

[13] 张翔. 基本权利的规范建构 [M]. 北京：高等教育出版社，2008.

[14] [英] 哈耶克. 个人秩序与经济秩序 [M]. 邓正来，译. 北京：生活·读书·新知三联书店，2003.

[15] 莫于川主编. 中华人民共和国政府信息公开条例释义 [M]. 北京：中国法制出版社，2008.

[16] [美] 艾伦·沃尔夫. 合法性的限度 [M]. 沈汉，等，译. 北京：商务

印书馆，2005.

[17] 张君劢. 宪政之道 [M]. 北京：清华大学出版社，2006.

[18] 姜明安主编. 行政法与行政诉讼法（第3版）[M]. 北京：北京大学出版社，高等教育出版社，2007.

[19] [苏联] B. M. 马诺辛等. 苏维埃行政法 [M]. 黄道秀，译. 北京：群众出版社，1983.

[20] [德] 哈特穆特·毛雷尔. 行政法学总论 [M]. 高家伟，译. 北京：法律出版社，2000.

[21] 王名扬. 法国行政法 [M]. 北京：中国政法大学出版社，1988.

[22] 李震山. 行政法导论 [M]. 台北：三民书局，2007.

[23] 黄异. 行政法总论（第5版）[M]. 台北：三民书局，2006.

[24] 吴庚. 行政法之理论与实用（第8版）[M]. 北京：中国人民大学出版社，2005.

[25] [日] 盐也宏. 行政法 [M]. 杨建顺，译. 北京：法律出版社，1994.

[26] 彭明金编著. 行政法 [M]. 台北：风云论坛有限公司，2004.

[27] [日] 南博方. 行政法（第6版）[M]. 杨建顺，译. 北京：中国人民大学出版社，2009.

[28] [美] 罗斯科·庞德. 法理学（第1~4卷）[M]. 王保民，等，译. 北京：法律出版社：2007.

[29] 胡适. 美国之民治的发展 [A] //胡适全集（第42卷）[M]. 合肥：安徽教育出版社，2003.

[30] [美] 文森特·奥奇特罗姆. 复合共和制的政治理论 [M]. 毛寿龙，译. 上海三联书店，1999.

[31] [美] 弗朗西斯·福山. 国家构建——21世纪的国家治理与世界秩序 [M]. 黄胜强，许铭原，译. 北京：中国社会科学出版社，2007.

[32] [美] 罗伯特·诺齐克. 无政府、国家和乌托邦 [M]. 姚大志，译. 北京：中国社会科学出版社，2008.

[33] [英] 弗里德里希·冯·哈耶克. 自由秩序原理（上下）[M]. 邓正来，译. 北京：生活·读书·新知三联书店，1997.

[34] 詹镇荣. 德国法中“社会自我管制”机制初探 [J]. 政大法学评论(78).

[35]［英］吉米·边沁．立法理论［M］．李贵方，等，译．北京：中国人民公安大学出版社，2004.

[36]［法］卢梭．社会契约论［M］．何兆武，译．北京：商务印书馆，2003.

[37]［美］史蒂芬·霍尔姆斯，凯斯·R. 桑斯坦．权利的成本——为什么自由依赖于税［M］．毕竞悦，译．北京：北京大学出版社，2004.

[38]［英］约翰·奥斯汀．法理学的范围［M］．刘星，译．北京：中国法制出版社，2002.

[39] 程华等．政府科技投入与企业 R&D——实证研究与政策选择［M］．北京：科学出版社，2009.

[40]［美］特伦斯·丹提思，阿兰·佩兹．宪制中的行政机关——结构、自治与内部控制［M］．刘刚，等，译．北京：高等教育出版社，2006.

[41]［英］威廉·韦德．行政法［M］．徐炳，等，译．北京：中国大百科全书出版社，1997.

[42]［德］奥托·迈耶．德国行政法［M］．刘飞，译．北京：商务印书馆，2004.

[43]［爱尔兰］约翰·莫里斯·凯利．西方法律思想简史［M］．王笑红，译．北京：法律出版社，2010.

[44] 周刚志．论公共财政与宪政国家——作为财政宪法学的一种理论前言［M］．北京：北京大学出版社，2005.

[45] 冯桂芬．校邠庐抗议［M］．郑州：中州古籍出版社，1998.

[46] 邓子基．现代西方财政学［M］．北京：中国财经经济出版社，1994.

[47]［英］彼得·莱兰，戈登·安东尼．英国行政法教科书（第 5 版）［M］．杨伟东，译．北京：北京大学出版社，2007.

[48]［日］芦部信喜．宪法（第 3 版）［M］．林来梵，等，译．北京：北京大学出版社，2006.

[49]［美］斯蒂芬·贝利．地方政府经济学：理论与实践［M］．左昌盛，等，译．北京：北京大学出版社，2006.

[50] Regents of University of California v. bakke，438 U. S. 265，400（1978）.

[51]［美］麦迪逊．辩论——美国制宪会议记录（上）［M］．尹宣，译．沈阳：辽宁教育出版社，2003.

[52]［法］马克·布洛赫．封建社会（下卷）［M］．李增洪，等，译．北京：

商务印书馆，2005.
[53] 张静. 基层政权——乡村制度诸问题（增订本）[M]. 上海：上海世纪出版集团，2007.
[54] [美] 赫伯特·斯托林. 反联邦党人赞成什么——宪法反对者的政治思想 [M]. 汪庆华，译，北京：北京大学出版社，2006.
[55] 钱穆. 中国历代政治得失 [M]. 北京：生活·读书·新知三联书店，2001.
[56] [美] 苏珊·斯特兰奇. 国家与市场（第2版）[M]. 杨宇光，等，译. 上海：上海世纪出版集团，2006.
[57] [美] 罗伯特·S. 萨默斯. 美国实用工具主义法学 [M]. 柯庆华，译. 北京：中国法制出版社，2010.
[58] 林尹注译. 周礼今注今译 [M]. 台北：台湾商务印书馆，1992.
[59] 黎翔凤校注. 管子校注（下）[M]. 北京：中华书局，2004.
[60] 任继愈. 老子译读 [M]. 北京：北京图书馆出版社，2006.
[61] 王利器校注. 盐铁论校注（定本/上）[M]. 北京：中华书局，1992.
[62] 清实录（第4册）[M]. 北京：中华书局，1985.
[63] 郑观应. 盛世危言 [M]. 北京：华夏出版社，2002.
[64] 刘小枫选编. 施密特与政治法学（增订本）[M]. 刘锋，等，译. 上海：华东师范大学出版社，2008.
[65] 廖正胜. 美国宪法导论 [M]. 台北：五南图书出版有限公司，2007.
[66] 许育典. 宪法 [M]. 台北：元照出版有限公司，2006.
[67] 杨建顺主编. 比较行政法——给付行政的法原理及实证性研究 [M]. 北京：中国人民大学出版社，2008.
[68] [美] 文森特·奥斯特罗姆等. 美国地方政府 [M]. 井敏，等，译. 北京：北京大学出版社，2004.
[69] [日] 阿部照哉等编著. 宪法 [M]. 周宗宪，译. 北京：中国政法大学出版社，2006.
[70] [加拿大] 罗伯特·L. 比什等. 加拿大不列颠哥伦比亚省地方政府（第3版）[M]. 孙广厦，等，译. 北京：北京大学出版社，2006.
[71] 赵成根主编. 国外大城市危机管理模式研究 [M]. 北京：北京大学出版社，2006.

[72] 夏保成编著. 美国公共安全管理导论［M］. 北京：当代世界出版社，2006.
[73]［美］乔纳森·卡恩. 预算民主——美国的国家建设和公民权［M］. 叶丽娟，等，译. 上海：上海人民出版社，2008.
[74]［美］乔治·P. 弗莱切. 隐藏的宪法——林肯如何重新铸定美国民主［M］. 陈绪刚，译. 北京：北京大学出版社，2009.
[75]［英］A. W. 布拉德利，K. D. 尤因. 宪法与行政法（第14版）［M］. 程洁，译. 北京：商务印书馆，2008.
[76]［英］戴雪. 英宪精义［M］. 雷宾南，译. 北京：中国法制出版社，2001.
[77]［日］密丸恒治. 私人行政——法的统制的比较研究［M］. 洪英，等，译. 北京：中国人民大学出版社，2010.
[78]［日］三浦隆. 实践宪法［M］. 李力，等，译. 北京：中国人民公安大学出版社，2002.
[79] 法治斌，董保城. 宪法新论［M］. 台北：元照出版有限公司，2005.
[80] 王振民. 中央与特别行政区关系［M］. 北京：清华大学出版社，2002.
[81]［日］吉村源太郎. 地方自治［M］. 朱德权，译. 北京：中国政法大学出版社，2004.
[82]［以色列］柴姆·卡希姆. 民主制中的以色列地方权力［M］. 余斌，等，译，北京：北京大学出版社，2005.
[83]［德］席林. 天主教经济伦理学［M］. 顾仁明，译. 北京：中国人民大学出版社，2003.
[84]［美］汉密尔顿等. 联邦党人文集［M］. 程逢如，等，译. 北京：商务印书馆，1980.
[85] 纪俊臣. 地方政府与地方制度法［M］. 台北：时英出版社，2004.
[86]［瑞士］J. 布莱泽. 地方分权——比较的视角［M］. 肖艳辉，等，译. 北京：中国方正出版社，2009.
[87] 孙文. 建国方略［M］. 郑州：中州古籍出版社，1998.
[88] 陈新民. 公法学札记［M］. 北京：中国政法大学出版社，2001.
[89]［韩］金东熙. 行政法（第2版）［M］. 赵峰，译. 北京：中国人民大学出版社，2008.
[90]［法］米涅. 法国革命史［M］. 北京编译社，译. 北京：商务印书

馆，1977.

[91]［德］康拉德·黑塞. 联邦德国宪法纲要［M］. 李辉，译. 北京：商务印书馆，2007.

[92] 韩大元，林来梵，郑贤君. 宪法学专题研究［M］. 北京：中国人民大学出版社，2004.

[93] 陈新民. 德国公法学基础理论（上下册）［M］. 济南：山东人民出版社，2003.

[94]［美］卡尔·J. 弗里德里希. 超验正义——宪政的宗教之维［M］. 周勇，王立芝，译. 北京：生活·读书·新知三联书店，1997.

[95]［美］A. J. M. 米尔恩. 人的权利与人的多样性［M］. 夏勇，张志铭，译. 北京：中国大百科全书出版社，1995.

[96]［日］室井力主编. 日本现代行政法［M］. 吴微，译. 北京：中国政法大学出版社，1995.

[97]［美］亨廷顿. 第三波——20 世纪后期民主化浪潮［M］. 刘军宁，译. 上海：上海三联书店，1998.

[98]［美］拉里·埃利奥特，丹·阿特金森. 不安全的时代［M］. 曹大鹏，译. 北京：商务印书馆，2001.

[99] 史庆璞. 美国宪法与政府权力［M］. 台北：三民书局，2002.

[100]［美］曼弗雷德·诺瓦克. 民权公约评注（上）［M］. 毕小青，等，译. 北京：生活·读书·新知三联书店，2003.

[101] 许育典. 从宪法上多元文化规定检讨网咖管制的立法［J］. 政大法学论坛，2005.

[102]［美］古德诺. 比较行政法［M］. 白作霖，译. 北京：中国政法大学出版社，2006.

[103]［美］A. 罗萨斯. 发展权［A］//艾德等主编. 经济、社会和文化权利［M］. 2 版. 中国人权研究会，编译. 成都：四川人民出版社，2004.

[104]［美］查尔斯·蒂利. 民主［M］. 魏洪钟，译. 上海：上海出版集团，2009.

[105]［美］路易斯·亨金等. 宪政与权利［M］. 郑戈，译. 上海：上海三联书店，1996.

[106]［美］罗纳德·德沃金等. 认真对待人权［M］. 南宁：广西师范大学出

版社，2003.
［107］［德］罗尔夫·施托贝尔．经济宪法与经济行政法［M］．谢立斌，译．北京：商务印书馆，2008.
［108］［美］米尔顿·弗里德曼．资本主义与自由［M］．张瑞玉，译．北京：商务印书馆，2007.
［109］［英］卡尔·波普尔．二十世纪的教训——卡尔·波普尔访谈演讲录［M］．王凌霄，译．桂林：广西师范大学出版社，2004.
［110］［英］哈特．法律的概念［M］．张文显，等，译．北京：中国大百科全书出版社，1996.
［111］［瑞士］T. 斯托福．市场经济的宪法［M］．郑鹏程，等，译．北京：中国方正出版社，2009.
［112］［英］伦纳德·霍布豪斯．社会正义要素［M］．孔兆政，译．长春：吉林人民出版社，2006.
［113］林来梵．从宪法规范到规范宪法——规范宪法学的一种前言［M］．北京：法律出版社，2001.
［114］［美］恩迪科特．法律中的模糊性［M］．程朝阳，译．北京：北京大学出版社，2010.
［115］［美］迈克尔·D. 贝勒斯．程序正义——向个人的分配［M］．邓海平，译．北京：高等教育出版社，2005.
［116］［德］施密特·阿斯曼．程序理念下的行政法体系建构［M］．林明锵，等，译．北京：北京大学出版社，2012.
［117］程华等．政府科技投入与企业 R&D——实证研究与政策选择［M］．北京：科学出版社，2009.
［118］［美］肯尼斯·F. 沃伦．政治体制中的行政法［M］．王丛虎，等，译．北京：中国人民大学出版社，2005.
［119］［奥地利］凯尔森．纯粹法理论［M］．张书友，译．北京：中国法制出版社，2009.
［120］［德］马克斯·韦伯．社会科学方法论［M］．李秋零，等，译．北京：中国人民大学出版社，1999.
［121］萧公权．宪政与民主［M］．北京：清华大学出版社，2006.
［122］余凌云．行政法上合法预期之保护［M］．北京：清华大学出版

社，2012.
[123] [印度] 阿玛蒂亚·森. 以自由看待发展 [M]. 任赜，等，译. 北京：中国人民大学出版社，2002.
[124] 黄俊杰. 行政程序法 [M]. 台北：元照出版有限公司，2010.
[125] [法] 孟德斯鸠. 论法的精神（上）[M]. 张雁深，译. 北京：商务印书馆，1959.
[126] [英] 丹尼斯·劳埃德. 法理学 [M]. 许章润，译. 北京：法律出版社，2007.
[127] 黄俊杰. 行政法 [M]. 台北：三民书局，2005.
[128] [印度] M. P. 赛夫. 德国行政法——普通法的分析 [M]. 周伟，译. 济南：山东人民出版社，2006.
[129] [德] 弗里德里希·卡尔·萨维尼. 历史法学派的基本思想（1814 ~ 1840）[M]. 郑永流，译. 北京：法律出版社，2009.
[130] [美] 罗斯科·庞德. 通过法律的社会控制 [M]. 沈宗灵，译. 北京：商务印书馆，1984.
[131] 陈新民. 宪法学释论（第5版）[M]. 台北：三民书局，2006.
[132] [德] 汉斯·J. 沃尔夫等. 行政法（第1 ~ 3卷）[M]. 高家伟，译. 北京：商务印书馆，2002.
[133] [美] 斯坦利·I. 库特勒编著. 最高法院与宪法——美国宪法史上重要判选读 [M]. 朱增汶，等，译. 北京：商务印书馆，2006.
[134] [美] 亚历山大·M. 比克尔. 最小危险部门——政治法庭上的最高法院 [M]. 姚中秋，译. 北京：北京大学出版社，2007.
[135] 尤乐. 论基本权利视角下的资助行政 [J]. 广东行政学院学报，2010（4）.
[136] [法] 皮埃尔·勒鲁. 论平等 [M]. 王允道，译. 北京：商务印书馆，1988.
[137] [日] 松井茂记. 媒体法（第2版）[M]. 萧淑芬，译. 台北：元照出版有限公司，2004.
[138] 王世杰，钱端升. 比较宪法 [M]. 北京：商务印书馆，1999.
[139] [德] G. 平特纳. 德国普通行政法 [M]. 朱林，译. 北京：中国政法大学出版社，1999.

[140] [德] 爱贝哈德·施密特－阿斯曼等. 德国行政法读本 [M]. 于安, 等, 译. 北京: 高等教育出版社, 2006.
[141] 伯阳. 德国公法学导论 [M]. 北京: 北京大学出版社, 2008.
[142] [意大利] 皮罗·克拉玛德雷. 程序与民主 [M]. 翟小波, 译. 北京: 高等教育出版社, 2005.
[143] [法] L. Neville Browen. 法国行政法（第5版）[M]. 高秦伟, 等, 译. 北京: 中国人民大学出版社, 2006.
[144] [法] 莫里斯·奥里乌. 行政法与公法精要（上册）[M]. 龚觅, 等, 译. 沈阳: 辽海出版社, 1999.
[145] [美] 伯纳德·施瓦茨. 行政法 [M]. 徐炳, 译. 北京: 群众出版社, 1986.
[146] 刘军宁. 共和·民主·宪政——自由主义思想研究 [M]. 上海: 上海三联书店, 2000.
[147] [美] 欧内斯特·盖尔霍恩等. 行政法和行政程序概要 [M]. 黄列, 译. 北京: 中国社会科学出版社, 1996.
[148] 季卫东. 法律程序的意义——对中国法制建设的另一种思考 [M]. 北京: 中国法制出版社, 2004.
[149] 叶俊荣. 面对行政程序——转型台湾的程序建制 [M]. 台北: 元照出版有限公司, 2010.
[150] [英] 沃尔特·白哲特. 英国宪制 [M]. 李国庆, 译. 北京: 北京大学出版社, 2005.
[151] [英] 迈克尔·欧克肖特. 政治中的理性主义 [M]. 张汝伦, 译. 上海: 上海译文出版社, 2004.
[152] [意大利] 阿奎那. 阿奎那政治著作选 [M]. 马清槐, 译. 北京: 商务印书馆, 1963.
[153] [美] 布伦南·布坎南. 宪政经济学 [M]. 冯克利, 等, 译. 北京: 中国社会科学出版社, 2004.
[154] 许育典. 人权、民主与法治——当人民遇到宪法 [M]. 台北: 元照出版有限公司, 2009.
[155] [美] K. C. 惠尔. 现代宪法 [M]. 翟小波, 译. 北京: 法律出版社, 2006.
[156] [美] 迈克尔·塔格特. 行政法的范围 [M]. 金自宁, 译. 北京: 中国

人民大学出版社，2006.
[157] 沈宗瑞．国家与社会［M］．台北：韦伯文化事业出版社，2001.
[158] 莫于川．行政指导论纲——非权力行政方式及其法治问题的研究［M］．重庆：重庆出版社，1999.
[159]［英］F. A. 哈耶克．个人主义与经济秩序［M］．邓正来，译．北京：生活·读书·新知三联书店，2003.
[160]［英］卡罗尔·哈洛等．法律与行政（上卷）［M］．杨伟东，等，译．北京：商务印书馆，2004.
[161]［美］劳伦斯·索伦．法律词汇［M］．王凌皞，译．北京：中国政法大学出版社，2010.
[162] 余凌云．行政法讲义［M］．北京：清华大学出版社，2010.
[163]［美］迈克尔·D. 贝勒斯．法律的原则——一个规范的分析［M］．张文显，等，译．北京：中国大百科全书出版社，1996.
[164]［德］马克斯·韦伯．论经济与社会中的法律［M］．张乃根，译．北京：中国大百科全书出版社，1990.
[165]［日］佐佐木毅．从经济看公私问题［M］．崔世广，译．北京：人民出版社，2009.
[166]［德］罗伯特·阿列克西．法、理性、商谈——法哲学研究［M］．朱光等，译．北京：中国法制出版社，2011.
[167] 翁岳生主编．行政法（上下册）［M］．北京：中国政法大学出版社，2000.
[168]［俄］G. 拉德布鲁赫．法哲学［M］．王朴，译．北京：法律出版社，2005.
[169]［美］罗纳德·德沃金．原则问题［M］．张国清，译．南京：江苏人民出版社，2005.
[170]［英］丹宁勋爵．法律的训诫［M］．杨百揆，等，译．北京：法律出版社，1999.
[171]［美］罗伯特·达尔．论民主［M］．李柏光，等，译．北京：商务印书馆，1999.
[172]［美］瓦克斯．法哲学—价值与事实［M］．谭宇生，译．南京：译林出版社，2008.

[173] 汤德宗. 行政程序法论［M］. 台北：元照出版有限公司，2005.
[174]［古罗马］西塞罗. 论法律［M］. 王焕生，译. 上海：上海人民出版社，2006.
[175] 杨建顺. 日本行政法通论［M］. 北京：中国法制出版社，1998.
[176] 郑永流. 法律方法阶梯［M］. 北京：北京大学出版社，2008.
[177]［德］罗伯特·阿列克西. 法律论证理论——作为法律证立理论的理论论辩理论［M］. 舒国滢，译. 北京：中国法制出版社，2002.
[178]［美］阿德里安·沃缪勒. 不确定状态下的裁判——法律解释的制度理论［M］. 梁迎修，译. 北京：北京大学出版社，2011.
[179]［法］狄骥. 法律与国家［M］. 冷静，译. 北京：中国法制出版社，2010.
[180]［美］理查·波斯纳. 法律经济学［M］. 蒋兆康，译. 台北：五南出版有限公司，2010.
[181]［日］大桥洋一. 行政法学的结构性变革［M］. 吕艳滨，译. 北京：中国人民大学出版社，2008.
[182]［法］让·里韦罗，让·瓦利纳. 法国行政法［M］. 鲁仁，译. 北京：商务印书馆，2008.
[183]［德］乌茨·施利斯基. 经济公法［M］. 喻文光，译. 北京：法律出版社，2006.
[184]［美］理查德·B. 斯图尔特. 美国行政法的重构［M］. 沈岿，译. 北京：商务印书馆，2002.
[185] 谢芙美. 立法院修改宪法之议事程序［A］//宪政制度与阳光法案之研究［M］. 台北：立法院法制局编印，2004.
[186]［法］马里旦. 人和国家［M］. 沈宗灵，译. 北京：中国法制出版社，2011.
[187]［美］盖依·彼得斯. 美国的公共政策——承诺与执行［M］. 顾丽梅，等，译. 上海：复旦大学出版社，2008.
[188]［德］鲁道夫·冯·耶林. 法学的概念天国［M］. 柯伟才，于庆生，译. 北京：中国法制出版社，2009.
[189] 郑宁. 行政立法评估制度研究［D］. 中国人民大学2008年博士学位论文.
[190]［英］罗素·哈丁. 自由主义、宪政主义和民主［M］. 王欢，等，译.

北京：商务印书馆，2009.
[191] 于立深译. 美国管制计划与审查 [J]. 行政法学研究，2003 (3).
[192] 于立深. 行政立法后评估制度研究 [J]. 政府法制研究，2006 (3).
[193] [美] 戴维·约翰·法默尔. 公共行政的语言——官僚制、现代性和后现代性 [M]. 吴琼，译. 北京：中国人民大学出版社，2005.
[194] 尤乐. 论地方立法后评估之对象 [J]. 贵州大学学报，2007 (3).
[195] 李允杰，丘昌泰. 政策执行与评估 [M]. 台北：元照出版有限公司，2003.
[196] 周文泳，尤建新，郑海鳌. 政府投入科技项目绩效评价理论与方法 [M]. 北京：化学工业出版社，2009.
[197] 瞿同祖. 清代地方政府 [M]. 北京：法律出版社，2003.
[198] 尤乐. 论地方行政立法后评估中的合法性评价 [J]. 广东行政学院学报，2007 (4).
[199] 洪镰德. 法律社会学（第2版）[M]. 台北：扬智文化事业股份有限公司，2004.
[200] 龙晓琳. 美国行政立法后评估概况 [J]. 探求，2008 (1).
[201] 德国和欧盟的立法效果评估制度 [J]. 政府法制参考，2005 (10).
[202] 庾建设，谢学宁主编. 中国广州科技与信息化发展报告（2011）[M]. 北京：社会科学文献出版社，2011.
[203] 深圳市福田区2009年政府工作报告 [D]. 深圳市福田区人民政府公报2010第1期（总第60期）.
[204] [美] 霍姆斯. 法律的生命在于经验——霍姆斯法学文集 [M]. 明辉，译. 北京：清华大学出版社，2007.
[205] [美] 爱德华·科尔尼等. 联邦政府审计——法律规则、准则、实务与萨奥法案 [M]. 张苏彤，等，译. 北京：中国时代经济出版社，2009.
[206] 余英时. 民主制度与近代文明 [M]. 南宁：广西师范大学出版社，2006.
[207] [英] J.S. 密尔. 代议制政府 [M]. 汪瑄，译. 北京：商务印书馆，1982.
[208] [美] 爱德华·卡尼. 联邦政府内部控制 [M]. 王光远，译. 北京：中国时代经济出版社，2009.
[209] 叶阳明. 德国宪政秩序 [M]. 台北：五南图书出版有限公司，2005.

[210] [德] 考夫曼. 法律哲学 [M]. 刘幸义，等，译. 台北：五南图书出版有限公司，2000.
[211] [美] 德博拉·斯通. 政策悖论——政治决策中的艺术 [M]. 顾建光，译. 北京：中国人民大学出版社，2006.
[212] [英] 约瑟夫·拉兹. 实践理性与规范 [M]. 朱学平，译. 北京：中国法制出版社，2011.
[213] [奥地利] 尤根·埃利希. 法律社会学基本原理（第 2 卷）[M]. 叶明怡，袁震，译. 北京：九州出版社，2007.
[214] [日] 佐佐木毅，金泰昌主编. 21 世纪公共哲学的展望 [M]. 北京：人民出版社，2009.
[215] [德] 齐佩利乌斯. 德国国家学 [M]. 赵宏，译. 北京：法律出版社，2011.
[216] [德] 马克斯·韦伯. 学术与政治 [M]. 冯克利，译. 北京：生活·读书·新知三联书店，1998.
[217] [德] 卡尔. 施密特论法学思维的三种模式 [M]. 苏慧婕，译. 北京：中国法制出版社，2012.
[218] 程洁. 宪政精义——法治下的开放政府 [M]. 北京：中国政法大学出版社，2002.
[219] [德] 尤尔根·哈贝马斯. 合法化危机 [M]. 刘北成，曹卫东，译. 上海：上海世纪出版集团，2009.
[220] 陈武雄. 社会立法析论 [M]. 台北：扬智文化事业股份有限公司，2003.
[221] [德] 威廉·冯·洪堡. 论国家的作用 [M]. 林荣远，等，译. 北京：中国社会科学出版社，1998.
[222] 王振民. 关于民主与宪政关系的再思考 [J]. 中国法学. 2009（5）.
[223] [法] 让·皮埃尔·戈丹. 何谓治理 [M]. 钟震宇，译. 北京：社会科学文献出版社，2010.
[224] [英] 弗里德里希·奥古斯特·哈耶克. 自由宪章 [M]. 杨玉生，等，译. 北京：中国社会科学出版社，1999.
[225] 赖恒盈. 行政法律关系论之研究——行政法学方法论评析 [M]. 台北：元照出版有限公司，2003.

[226]［美］斯蒂芬·马塞多. 自由主义美德——自由主义宪政中的公民身份、德性与社群［M］. 马万利，译. 南京：译林出版，2010.

[227] 詹正茂，熊思敏. 创新型国家建设报告（2010）［M］. 北京：社会科学出版社，2010.

[228]［美］塞缪尔·鲍尔斯等. 民主和资本主义［M］. 韩水法，译. 北京：商务印书馆，2003.

[229]［美］罗斯科·庞德. 普通法的精神［M］. 唐前宏，等，译. 北京：法律出版社，2010.

后　记

本专著成自（修改）于本人的博士后研究报告《当代地方行政资助法治研究》。

记得曾看过一篇对各个年代的人群作大致如是评价的文章，“60后的特征是信仰、70后的特征是理想、80后的特征是张扬、90后的特征……”作为前70后的我和曾接触过的许多1968年到1972年期间生人（本科1986级到1988级）的这一批人恰恰是在对往昔坚定的乌托邦式的人类前景勾勒发生怀疑、幻灭或者毁灭的时候，有幸接触源自于古希腊和罗马的理性、独立、自由和民主等思想，它将我们的理想定格为一生对正义的追寻和坚守，而卢梭、潘恩、庞德、哈耶克和哈贝马斯等先贤告诉我们，只有自由才能让人类免于服膺任何主张偶像崇拜的道德或者律法。一方面，由邓公小平所开创的整个80年代是中国内地思想史中难得的最为因自由而活跃、因眼界开阔而富有吸收和创新能力的小时代；另一方面，当在一批60后先知先觉者引领下目睹诸多大事件并感受世界潮流之后，经历三十年来波澜壮阔的社会变革，面对社会中的浮华和虚妄，我们开始迷惘和痛苦，成为逐渐丧失思考能力的“愤青”——虽然我们还有情绪，但也仅仅剩下情绪。

一直到很多年后，2004年的春夏之交，在清华大学的课堂上聆听宪法学课程，我瞬间感到醍醐灌顶、一扫萎靡，王振民教授是我的专业启蒙恩师，他让我明白人类自身、人在事物秩序中所处的应有的位置、人类社会的特质以及治理人类社会的最佳方式是什么，是王老师让我知道选举是民主最原始、持久和本质的含义，让我了解超越于民主且经常和民选政府过不去的宪政，也让我明白革命并不必然带来人民想要的东西，当今中国以不具破坏性的改革去避免对旧肢体进行简单嫁接和切除的革命的唯一之路径就是践行宪政；更让我懂得一个国家、一个社会可以有“民主赤字”，但不能有“宪政赤字”和“法治赤字”，没有法治就搞民主是灾难，等等。恩师是60后，他有着经历风云后的从容淡雅，也有着坚如磐石的个性，温和的训导中让我深刻体验并读懂了清华精神中蕴含的认真；所以10年来我求学不辍，并认定将宪法学与行政法学作为今后唯一的专业方向，矢志不渝地追寻恩师的脚步，为中国人的自由和国家的宪政、法治和以二者而行的统一贡献绵薄之力；也正是基于此，恩师才不断地为愚笨和学行尚浅的我创造求学的机会，不但让我参与高层次的课题研究，还让我聆听他的各种讲座，生怕我进步稍慢，却从不顾虑我“消化不良”。所幸，在作为博士后研究人员期间从事的有关香港普选和ECFA课题研究中取得的成果被属于北大和南大两大核心的期刊的认可印证了自己的努力，也让恩师对我未来能成为可造之材还抱有一丝希望。能热爱“闲法”的我会以“弘毅”之精神将宪法作为“自由的基础法”（林来梵老师语）贯彻在今后的法学研究和法律实践中。

清华大学法学院的两次学习经历是我一生的荣耀，每次驻足月色荷塘，心中都泛起感激和怀念的波澜，不仅仅是俊朗睿智的林来梵教授、才子倜傥的余凌云教授、英气逼人的何海波教授、美丽睿智的程洁教授所给予我的教导和启迪，还有要求严格、亲力亲为的于文晶老师和爽朗热心的潘耀华老师，更有前清华大学副校长、深圳大学校长罗征启教授，是他老人家在我的心中播下了追寻自由精神、独立思想和作为士子对天下应有所担当的种子。

必须感谢我的另一位恩师——博士导师莫于川教授，一方面他的督促和以身作则使我以“读书是一种生活态度和生活方式以及生活乐趣”为人生准则；另一方面，是他向我展开了行政法的美丽画卷，是他让我能够开窍于行政法学领域的问题意识和深入研究，虽然曾几何时我惧怕行政法的枯燥和烦琐，但现在我在行政法学方面感受到了建立有限政府、保护人之尊严和权利的使命感，也让我在略通宪法学之后又增添了一双能够透彻观察本能上就喜欢擅权并专天下之利的权力及其执掌者的慧眼。

我也应该对家人，尤其是两位女性——家母和太太致谢。身为医学专家，家母于我承载压力良多而不可外言，丰厚支持而不需回报，赋予我生命，更形塑我的坚韧和乐观的性格，她是我灵魂的支撑，从我孩提懵懂到已为人父的今天；太太从恋爱至今一直在接纳我的任性，让我时时感受到被美丽女人挚爱的幸福。

杨度有诗云：“市井有谁知国士。”泱泱上国，百年宪政之路迢迢，内法度尚亏、外日俄环伺，如国家政治不以法治而时时整顿，必致公器糜溃、山河陆沉；虽笙歌片片、觥筹犬马，然路有饿孚、野有任侠；殊不知事过境迁，若是民愚且妄、因循忘耻，非但甲午奇辱无报复之时，岂或内之险恶更甚于太平发匪、庚子国变，外之凶险复劣于芦沟、伊宁变乱之时；故非有累月经年之鼎故革新，亡国灭种、毁师丧地之痛恐非远矣！值此书即将出版之际，新的征途又将开始，承两位恩师教诲，与各位同学共勉，国家兴亡，我等后辈固然有责，但国家之兴却不能寄希望于奴才的培养（胡适先生语），且不可做“只知有陈迹而无今务、只知有事实而无理想”（梁启超先生语）之学者，必须让我们的人民明白“无论自由相爱与否，希望死亡不是你的终结，憧憬光明是不会惧怕黑暗”（whether there is freedom and love or not, in death, everyone is equal. I hope that death is not your end, and you adored the light, so you will never fear the darkness. 摘自电影《颐和园》，娄烨指导，郭晓冬、郝蕾主演，2006年），作为尚有理想的一代，理想虽然虚幻但一直支撑着信念，坚持理想、付诸行动，也许这就是70后的宿命吧。

尤 乐

2014 年 10 月 18 日于独秀斋